# アイデア会議

加藤昌治

大和書房

# アイデア会議　目次

装丁・本文デザイン　轡田昭彦／坪井朋子
本文写真　牧内裕司
プロデュース　アップルシード・エージェンシー

# アイデア会議

# 序章

## 「いきなり企画会議」から〝いい企画〟は生まれない

### アイデアなくして企画なし。やるべきは「アイデア会議」

あなたの仕事が何であれ、目の前にある課題を解決し、ビジネスを前進させるのは〝いい企画〟。種類もレベルもさまざまながら、いずれも自分たちにとっては大事なもの。

商品企画、マーケティング企画、セールスプロモーション企画……といった売り上げや利益を伸ばすことが目的である〝外向けの企画〟もあれば、人材（今は人財、でしょうか）の採用企画、オフィスレイアウト企画などのマネジメント系、〝内向きの企画〟もあります。そしてビジネスの根幹にあるは経営企画。いってみれば、**ビジネスって企画の立案と、その実施の集合**なんですね。だからこそ、今日も日本のあちこちで「＊＊企画」を考えている人たちがいる。

と同時に「ウチの会社ってさ……いい企画が出てこないんだよね」と悩んでいる方々もたくさんいるのも事実でしょう。日本全国、企画が出てこない病？　いい企画が欲しい、でも手に入らない……そんな苦悩の声が今日もあちらこちらから聞こえてきそうです。

**何故、いい企画が出てこないのか？　その理由は簡単。いたって構造的。「いきなり企画会議」をやっているから、がいい企画の誕生を邪魔している最大の理由です。**

「だって会議するんだから、ちゃんと事前にアジェンダ（議題）作って参加者に配ったし、やることやっているつもりなんだけど……」違うんです、そういう会議の準備がどうこう、ではありません。

「参加者が自由に発言できるように、ブレーンストーミングを取り入れてるよ？」そうじゃないんです、ブレーンストーミングそのものはよくても、それをやるタイミングが悪いんです。

じゃあ何なのか。

わたしの考える、いい企画の条件とは「いい企画には、いいアイデアが入っている」です。極論すると、**アイデアなくして企画なし**。先週、あなたの机に仕舞い込まれた〝ダメ企画〟をもう一度読み返してみてください。どうでしょう？その企画にアイデアは入っていますか？　企画の目的や期間、実施場所、実施内容など、企画として成立するために必要な要素は整っていても、その企画の芯となるアイデアがない、あるいはそのアイデアが〝ダメ〟なんじゃないでしょうか。

つまりあなたは「**この企画に入っているアイデアがつまらない**」と本当は感じている気持ちを、「**この企画つまらない**」と省略して言葉にしてしまっている、ということなんです。

もう一度振り返ってみて欲しいのですが、今までやってきた「企画会議」は、果たしてアイデアを膨らませたり、拡げてみたりすることをしてきたでしょうか？　会議というよりはプレゼンテーション合戦に過ぎなくて、アイデアがない、またはつまらない企画を説明し合って、その**つまらない中から実施する企画を選別するだけ**のことだったのではないですか？

「いきなり企画会議」に参加する（参加させられる）、企画を出す側にも問題はあります。企画って、ある程度カタチが整っていて、それなりにちゃんとしているものですから、会議前に書類を作るのにも時間がかかります。実現度が不足していれば企画として成立しませんから、あれこれ下調べもしたりする。結構手間がかかるものです。

企画を企画として整えるための作業に気が向いてしまっているから、アイデアそのものを十分に考えることをしていないんですね。本当は大事なそのステップをすっ飛ばして、見た目の体裁に時間を割いてしまう。当然ながら、そんな企画が素敵なはずもありません。ともすれば「3日後までにもう一度、企画を考えてこい！」なんてことになって、悪循環の逆スパイラルの始まりです。

つまり、「いきなり企画会議」から〝いい企画〟が生まれにくいのは、企画の芯となるはずのアイデアを考えることをしないのがその理由。だとすれば、アイデアを考える時間と、それを企画に整える時間をしっかり分けることがポイントになってくることが見えてきます。

時間配分的にアイデアを考える時間をたっぷりと取るべきです。いいアイデアさえ見つかれば、それを企画に整えるのは、割合に簡単。

先ほどから企画作業には「整える」という単語を当てていますが、どちらかというと、考えるのではなくて作業する、調べる、調整する……ぐらいなんだと思ってます。それよりも、もっともっと多くの時間をアイデアを考える、というプロセスに投入したい。企画を作るとは、アイデアを見つけることと踏まえたり、なのです。

**そして、いいアイデアを見つけるために何が必要なのか、分かりますか？**

**それは「膨大な選択肢」です。**

優れたアイデアにたどり着くためには、呆れるほど数多くの選択肢としてのアイデアを出し、その中から「これだ！」と思えるものだけを選ぶ。このプロセスを通ります。

プロフェッショナルとアマチュアとの違いは「選択肢の数」。**選択肢の多さとアイデアのクオリティとは比例する**、と考えてください。

その数はどれくらいだと思いますか？

# ここまでやらずに「いい企画」はありえない！

## 選択肢を出し尽くすこと＝考え抜くこと。

**これまであなたが経験してきた〝会議〟に、これだけの選択肢が登場したことがあったでしょうか？　選択肢を出し尽くすこと、それが「考え抜く」ということなのです。**

こうした考え方は、アイデア稼業、企画稼業である人たちには常識です。普段はこれが特別なんだと意識することすらありません。「企画を考える」とはイコール「アイデアを考えること」。アイデアが発見されるまで、企画作業に進ませてくれません。

求めるものが経営戦略であれ、明日のデートであれ、踏んでいくプロセス、ステップは同じです。提案するには、企画としての精密さや、それなりの見栄え（！）も必要ですから、アイデアを企画として整えるための時間も使いますが、まずはアイデアを考える。

「そんなやり方、プロ集団だからできるんだよ」と思われたのなら、それは誤解です。**アイデア→企画、のステップ構造そのものは業種や規模、課題の種類を問**

**わずに機能する、ユニバーサルな方法論。人間が集まって企画を考えていく時、アイデアと企画とを2つのステップに分解してプロジェクトを進めていくことは誰でもできる、「いい企画の作り方」です。**

それから「最初にアイデアを考えるっても……そういうのは、アイデアマンがいないとできないんじゃないの」ともいわれそうなんですが、それも誤解。そんなスーパーアイデアマン（あるいはアイデアウーマン）の方々が、絶対必要というわけでもありません。普通の、いたって普通の人たちが集まるだけで、実際のビジネスにおいて十二分に通用するアイデアが生まれてくるから大丈夫です。

どんなスーパーアイデアパーソンであろうと、**一人の人間に考えられることには必ず限界**があります。打率10割はやっぱりむずかしい。アイデアの可能性は事実上無制限にありますし、人間には個性があります。スーパーアイデアパーソンが考えるアイデアにも、それなりの方向性に限定されているということ。もちろん、プロフェッショナルであれば〝ヒットゾーン〟を押さえているわけですが、やはりたった一人の人間が生み出せるアイデアには限度があるからです。

**実は、この世の中にアイデアは3種類しかありません。**

**①「自分に出せたアイデア」**

**②「自分には出せなかったけど、すごくよく分かるアイデア」**

**③「自分にはまったく想像もつかなかったアイデア」**

これだけ。一人きりでアイデアを考えることは、3つの種類のうちの最初、「自分に出せたアイデア」だけしか手に入れられないことと同義なわけです。これ、結構おそろしいことですよね？

**世に出した時に受け入れられる〝新しいアイデア〟とは、2番目にある「自分には出せなかったけど、すごくよく分かるアイデア」**に多いと思います。そのアイデアを目にした人にとって「**あ、やられた！**」**感**のあるもの。実際のビジネス上は、いわれてハッとするアイデアをどれだけ出せるか、が勝負。わたしたちの社会において、消費者や生活者はそれほど斬新なアイデアばかりを求めているわけではありません。ちょっと新しくて、自分もついていけると感じるものに賛成票が集まるものなのです。

知っていたけど、いえなかったことって意外にたくさんあります。以前ガーンと大きな衝撃を受けたゲームがあるんですが、それは

「心、のつく漢字を教えてください」というもの。

まずは一人で1分間。白い紙に書き出してみます。いくつ出ますでしょうか。続いて隣同士で2人組のペアになって、再び1分間。すでにお互いが出せたものを見せ合うと、「あ、あったあった」があって、さらに「お、こんなのあったね」でさらに増える。そして2つのペアを合わせて4人になって、また1分間……。漢字の数は、どんどん数が増えていきます。だいたい10から15人ぐらいのグループになって、一般的に使われている漢字がほぼ出尽くします。

このゲームからの気づきが2つあります。まずは「知っていたけど、思い出せ

なかった漢字がいかに多いか」ということ。特に4人組になったあたりで「もうないだろう」と思っていたりすると、ショックが大きくなりますね。

そして「**10人以上で出し合って、やっと出し尽くせる**」という事実。そうです、**4人や5人ではすでにある事実ですら出し尽くせない**のです。わたし自身がこのゲームを初めてやった時の衝撃はこの事実を突きつけられたことでした。

この衝撃は、実際にアイデア出しのワークをしていると常に感じることになります。「一人でやってなくてよかった……」あなたがチームのリーダーであっても、あるいはチーム員の立場であった時でも何度も胸をなで下ろすことになるでしょう。

アイデアとは確かに一人で考えるものです。しかしそれだけではおそらく激しい競争が待ち受けているビジネス社会をスイスイとくぐり抜けていくことは至難の業。いい切ってしまうなら、**一人ひとりが考えたアイデアを集め、チームで考えることをしないといいアイデアは出ない**、のです。

そして、みんなでアイデアを考えることは楽しいこと。自分一人では決してたどり着けなかった素晴らしいアイデアが出てきた瞬間は、何ともいえぬ高揚感があります。時として「ああ、もうじきグッドアイデアが来るぞ」と不思議な予感を感じたりすることもありますね。

がんじがらめで結論がほとんど見えてしまっているのなら、会議に出る意味はありません。しゃちほこ張った**職制上の役職や先輩後輩といった人間関係を超えて自由闊達に意見を出し、交換し合いながら課題に立ち向かっていく**様こそ、まさにチームと呼ぶにふさわしい。だからチームで考える。ベースは個々人にあるのは確かなんですが、チームとして考えた方が強い。予想がつくものから思いも寄らぬものまで、いろんなアイデアが集まってくるからです。ゆえにアイデアを考える時にも「会議」は有効。集まって考えること、ぜひやるべきだと思います。

**「いきなり企画会議」はもうやめよう、がわたしの主張。**

**企画会議の前にやるべきは「アイデア会議」です。**

そこには「みんなで考えることの愉しさ」があります。ズバ抜けたアイデアマン、アイデアウーマンはいなくてもいい。素敵なアイデアを見つけ、企画にしていくための必修ステップとしての「アイデア会議」。どうです、ここから始めてみませんか?

第1章

# 本当の「アイデア会議」とは何か？

会議は舞台。自分の役を知り、徹底的に演じるべし

# 1 アイデア会議の基本要素は？

アイデア会議、と聞いてイメージするのは、まさに侃侃諤諤《かんかんがくがく》の大議論。口角泡を飛ばして……かどうかはともかく、かなり活発な意見のやり取り、でしょう。それは大正解。いろんなアイデアが飛び交ってこそのアイデア会議です。ただし、それは無礼講の世界でもありません。わーわーと意見をいい合っているように見えても、しっかりとしたカタチがある。わたしがアイデア会議は構造的なんだ、と主張する所以です。あ、そんなにむずかしくありませんよ。あっという間に暗記できますから大丈夫です。さっそく、その要点を簡単にご紹介しましょう。

アイデア会議に必要な構成要素を、５Ｗ（Who, Why, What, Where, When）でまとめ直すとすると、こんな感じになります。

□Who（参加者）ディレクター×1名、プランナー×3～5名

□Why（目的）企画立案にあたって、企画の特長を規定するコア・アイデアを決める

□What（行動）コア・アイデアの候補となる選択肢を出し尽くす［アイデア会議　第1ラウンド］

企画へ仕上げるコア・アイデアを選択肢から絞り込む［アイデア会議　第2ラウンド］

□Where（場所）会議室。広めの机を囲むような座席配置に

□When（時間）第1ラウンドと第2ラウンドとを分ける。1回あたり1・5時間から数時間

［アイデア会議の構成要素］

**What**（行動）

・第1ラウンド：コア・アイデアの候補となる選択肢を出し尽くし
・第2ラウンド：企画へ仕上げるコア・アイデアを選択肢から絞り込む

**Where**（場所）

・会議室
・広めの机を囲むような座席配置に

**Who**（参加者）

・ディレクター×1名
・プランナー×3〜5名

**When**（時間）

・第1ラウンドと第2ラウンドとを分ける
・1回あたり1.5時間から数時間

**Why**（目的）

・企画立案にあたって、企画の特長を規定するコア・アイデアを決める

「いきなり企画会議」との違いが出ているのは、Who, Why, Whatの3つでしょう。29ページのように5Wを置き直してみると、縦に並んでいる軸ですね。

これは主体、主観の軸。会議の参加者、ゴールとなる目的、その目的を実現するための手法がすっきりと整理されています。この軸がブレてしまうとすべては台なし。何のために集まっているのかがすっかり分からなくなってしまいます。

また、この図はアイデア会議の「仕組み」を示すのであって、いわゆる段取りではありません。前日までにアジェンダ（議題）と資料を参加者全員に配布してあったとしても、肝心の議論する中身がアイデアと企画とを混同していたら、まったく意味がない。でもきちんとまとまった風のアジェンダメモなど、見た目の美しさに目がくらんでしまっているケース、意外にあるんじゃないでしょうか？

会議の進行に関するノウハウは、こうした「仕組み」に付随する、いわばサブスキルです。円滑な会議運営のために必要な技ではありますが、それだけでは目的を達成することはできません。もしできたとしても、それは議長役を務める人の卓越した個人技のおかげなんじゃないでしょうか？

誰もにそれを求めるのは厳しいと思います（現状はそうなっている確率が高いのでしょうけれど）。会議そのものの構造がアヤフヤにもかかわらず、それを秀麗な進行スキルでカバーするのはむずかしいことなのです。

だからこその「**仕組み**」**発想**。仕組みがしっかりしているとは、再現性が高いこと。再現性が高いからこそ、誰にでもできる普遍性、一般性がある。もちろん**その仕組みを理解し、習得するためには、ある程度の練習は必要**でしょう。でも仕事なら当たり前のことですし、そのレベルでなかったら誰にでもできる、とはいえません。

わたしのイメージでは、一輪車でなくて自転車。一輪車に乗れるようになろうとすると、「えっ……」と少々おじけづいてしまいますが、自転車なら「まあ大丈夫かな」の範囲ですよね。人にもよるでしょうが、早い人で1日、長くても1週間から2週間ぐらい？　ちなみにわたしは5歳になった夏の10日間を費やしたおぼろげな記憶がありますが、今となっては「何であんなに苦労したんだろう……？」とちょっと不思議なくらい。**チームでアイデアを考えることは、自転車に**

**乗れるようになる程度のこと**じゃないか、がわたしの持論。それくらいの練習で十分身につけることができるビジネススキルだと思っています。

## ■Who――参加者の役割を明確に分けることがすべてのスタート

アイデア会議の構成要素として一番最初に言及しておくべきなのは参加者についてです。アイデア会議には参加者に果たして欲しい役割、があります。観るだけの観客は不要です。いいアイデアにたどり着くには、チームメンバー全員のコラボレーションが必要不可欠。やさしく見守ってくださらなくて結構、発言しない人はご退出ください、なんです。

**アイデア会議には選択肢としてのアイデアをたくさん考える役割の「プランナー」と出てきた選択肢アイデアから、チームとしてのイチ押しを決める「ディレクター」の2種類の役割があります。**この役割は組織上の上下関係ではなく、機能によって分けているのが特徴です。社長だから決める、課長だから決める、ではなく、**ディレクターだから決める**。

中小企業では社長が、規模の大きい組織内においては部長や課長といった管理職の方が、結果としてはディレクターになるケースが多くなるとは思いますが、ディレクター自身が自分の機能をどう認識しているか、で会議での態度や発言が変わってきます。人間って面白くて、役割をしっかり自覚できると、その役を演じることができるようになります。最近、人財育成や自己啓発の世界では演劇系のワークショップ手法を取り入れたプログラムが多くなってきました。特にメークアップなどをしなくても、ちゃんと与えられた役柄に成り切れるみたいですね。

アイデア会議もちょっとそれに近い感じがあります。ディレクターもプランナーも単なる参加者、ではありません。名刺になんと書いてあろうが、アイデア会議ではそれぞれの役割を演じ切ってもらいます。

## ■Why——企画化作業は後。先に核となるアイデアをチームで発見する

そしてアイデア会議の目的、ゴールイメージこそが「いきなり企画会議」との一番の違いでしょう。おそらく多くの方にとっての未体験ゾーン。でも一番違うところこそが一番の面白さでもありますから。

アイデアなくして企画なし、つまらない企画になってしまう原因はその企画を特長づける**コア・アイデア**がない、もしくはコア・アイデアがアヤフヤであることです。一見整っていても、何かパンチが感じられないよな、ってやつです。

別角度から云い換えれば、**コア・アイデアさえいいものが見つかれば大丈夫**だ、ということ。ビジネスの現場にある程度の期間、身を置いて企画作業に携わっていれば企画書に盛り込まれるべき内容や、提案時における各内容の詰め具合は分かっています。極論ですけども、どんなヘボアイデアでも企画に整えてしまうことはできる。「いきなり企画会議」に登場する企画案も、それなりに「らしい」です。その「**らしさ**」**で自分をごまかさないで欲しい**。アイデアのない企画は出

して欲しくない。本当のプランナーかどうかの境界線です。

この問題を解決するポイントは一つだけ。企画に整える作業に入る前に、どれほどコア・アイデアを考え抜けるか、だけです。そして**アイデアを考え抜くとは、徹底的にアイデアの量を出して選択肢を拡げること**、そして**その後で絞り込むこと**です。この「拡散―収束」のモデルはアイデア、発想法の本なら、間違いなく書いてある原理原則。もう絶対の真理真実です。

……ですが、これができない。実際、アイデアを拡げることなんて、一人でできます。業種を問わず、企画のプロフェッショナルなら誰でも普通にやっていることですし、いわゆるアイデアマン、アイデアウーマンと呼ばれる人たちは、どこかの時間を使って、拡散の作業をやっている。

もちろん**慣れは必要**です。慣れるまでには実際にやってみる経験を何度も（残念ながら何度か、ではなく）積む必要があります。習うより慣れよ。誰であってもポ**テンシャルはあるんですけども、やったことがないからできない**。ワークの勘所《かんどころ》がない。それだけなんです。

「**いきなり企画会議**」は、その勘所がないワークを一人でやってこい、と命令しているに等しいわけです。おまえ一人でアイデア拡げてコアになるの見つけて、企画レベルまでブラッシュアップしてこいよ。これ、キツイです。2~3日ではできるわけない。できてもそりゃ、アウトプットのレベルはかなり低いですよね。出す方も分かっている、あるいは感じている。でも会議は明日だしさ……。悪循環の構造がグルグル回っているだけですよね?

アイデア会議は、**アイデアを考えるステップと企画化作業のステップを切り離し**、個人作業に隠れていたコア・アイデアを考えるプロセスを顕在化させます。そして**個人作業をチーム作業に転換**します。ワークのステップを構造的に分解することによって目的を明確にし、参加者のアタマを集中させる**魔法**です。

## ■What――アイデア会議は「収束と拡散」の2段階方式

コア・アイデアを決める、という目的があるからこそ、アイデア会議がやるべきことはシンプルです。**拡散―収束モデルをチームでやる。**それだけです。

気をつけるべきは、**拡散と収束とを一緒にやらない**こと。ごっちゃにしてしまうと、必ず失敗します。企画を考えようとブレーンストーミングをやってもうまくいかないのはここに理由があります。**ブレーンストーミングは拡散のための手法**なんですが、それを理解せずに運用してしまっている。だから拡散しながら収束する失敗が起こる。せっかく出たアイデアをいい終わらないうちに「それはダメだな」「無理だな」って〝収束〟させてしまう。収束させることはいずれ必要になりますが、タイミングが間違っていると**恐怖のアイデアキラー**に過ぎません。

アイデア会議では早すぎる収束の罠《わな》には落ちたくない。そのためには参加者であるチームの全員が「今、拡げているのか」「絞っているのか」を共有しながら進めていけるとハッピーですよね。具体的にはディレクターが、その舵取りをすることになります。「もっと拡げたいなあ」「ぼちぼちまとめていこうか？」台詞はたとえ同じでも、まったく質が異なっていることにお気づきください。アイデア会議という仕組みに乗っ取った仕切り、です。

チームでワークするにもメリット／デメリットがあります。メリットは拡散しやすいこと。一人きりで考えるのとは比較にならないほどの選択肢を手に入れることができます。数え切れないほどのアイデアが集合しているのはかなりの壮観です。

多くのアイデアが集まるがゆえに、それを絞り込む大変さがデメリット。場合によってはチームの意見が分かれるかもしれない。ディレクターという機能を存在させることの意味でもあります。

アイデア会議では、拡散と収束のプロセスを大きく2つに分けます。前半での「**第1ラウンド＝アイデア出し尽くし会議**」、そして後半の「**第2ラウンド＝イチ押しアイデア選び出し会議**」。

カタチの仕組み、意図としては、第1ラウンドでとにかくアイデアを出す、出し尽くす。どれだけの数が集まったか、がポイントになります。「拡散」ですね。続く第2ラウンドが企画の核になる〝いいアイデア〟を選ぶ「収束」。いきなりポーンとグッドアイデアが湧いてくるなんてことはありません。グッドアイデアにたどり着く（というい方がまさにピッタリ）までには、大小あれど**拡散と収束を繰り返す**ことに必ずなります。アイデア会議においてもその法則はもちろん当てはまりますが、アイデア会議の基本原則として「アイデアを拡げる会議」と「拡げたアイデアから、いいものを選び出す会議」の順番がある、ということです。

## ■Where――アイデアはどこからでも生まれる

アイデア会議の5Wの中で、一番お気楽なのは場所です。普通の会議室で十分。豪華なプレゼンテーションルームである必要はまったくありません。実はアイデア会議、いたって**アナログな手法**でして、ミーティングの最中はパソコンさえ必要ありません。だからスクリーンやプロジェクターも登場の出番ナシ。

強いていうなら、窓があればよりうれしいですけれど密室の中でコンコンとやるのもまたオツなものです。**最低限必要なのは、広めの机と椅子**。さらに**ホワイトボード**があればなおよし。チームが一体感を持てるように、机をぐるりと囲んで座るフォーメーションでアイデア会議を始めるとしましょう。

## ■When——長時間より回数。提案までの残り時間との戦いでもある

アイデア会議の開催時間は、目安として**1・5時間から2時間ぐらい**じゃないかと思います。集中力が切れてしまったら続けていても仕方ないですから。ただ、前半にあたる「第1ラウンド＝アイデア出し尽くし会議」が一度で終わるかどうかはケースバイケース。「これだけ出たら、もう選ぶだけだ」と思えるかどうか。ロクなアイデアが出てこなかったなら、もう一度、あるいは数度と第1ラウンドを繰り返すことになるでしょう。

とはいえ、課題に対する提案をプレゼンテーションする日程はすでに決まって

いたりするでしょうから、ここは時間との戦いです。ここ数年、企画そのものの内容もさることながら、プレゼンテーションに求められる精度も格段に上昇傾向。提出する企画書も全ページがカラーだったり、PowerPointやKeynoteを使ったスライドショー方式も普通になってきました。コア・アイデアを企画として仕上げるための裏取り作業や物理的な企画書作成のための時間もバカになりません。残り時間を計算しつつ、いつまでにコア・アイデアを固めればいいのか。仕事には締め切りが付き物です。ディレクターの仕事として、タイムスケジュールのマネジメントはやらなければいけないところでしょうし、プランナーはそれまでに、いいアイデアをひねり出すことになります。

アイデア会議の構造を司る5つの骨組み。まずは駆け足でWho, Why, What, Where, Whenの各要素について説明をしてみましたが、5Wのタテ軸、主体軸をなす3つの要素については、もう少しだけ詳しくご紹介をさせてください。

# 2 アイデア会議の主役はプランナーとディレクター

## ■プランナーはアイデアを出すのが仕事

あらためて、アイデア会議でチームメンバーがどんな機能を果たすべきなのか、そのアウトラインをはっきりさせていきましょう。

まずはプランナー。アルファベットならPlanner。プラン＝アイデアを考える人、です。カタカナだとなんかカッコつけた感じですが、やるべきことはシンプルこの上なし。与えられたお題を解決するためのアイデアをたくさんいっぱい考えるのが役目です。したがって、プランナーの人数も一名だけ、だとちょっと寂しい（というか多分苦しい）。プロフェッショナルであるならば一人で何役もこなせる〝名優〟でありたい、とは思いますが、できるだけ人数は多いに越したことはありません。社内の人間だけに限定する必要もない。とにかく大勢で考えよう、のスタンスです。

そしてアイデア会議に集まるプランナーはできるだけバリエーション豊かな方がいい。**いろんなタイプの人間**が集まっている方が、出てくるアイデアに幅があります。この幅、がとっても大切です。同じようなアイデアがいくつも現れたとしても、多数決で決まる世界ではないのはご承知の通り。**選択肢をいかにして拡げるか、が重要**ですから。

その意味では、プランナー一人ひとりの考えること、各人の世界観や価値観は偏っていても構わない。「そうか、そんな見方があったのか」「その手があったか」……そんな発見が数多くあるとアイデア会議はホントに楽しくなります。

解決しなければならない課題にドンピシャな人たちばかりを集める必要もありません。ハワイ旅行に行く人の人数を増加させるための企画を考える場合に、ハワイに一度も行ったことがない人をあえて呼んでみたらどうでしょう？「**ハワイに行かない理由**」**って、ハワイ好きには想像もつかない**んじゃないでしょうか。

しかし人数を増やすためには

①ハワイ未経験者に行ってもらう

②すでに行ったことのある人にリピートしてもらう

の2パターンしかない。実は①の方がボリュームも大きくて、実際の効果が期待できる可能性も高いのだとしたら……です。**専門家が集まればいいわけでもないのが不思議ですけど面白いところ**です。

ということで、プランナーはいろんな部署から集めてくるのもいいと思います。例えば出版のシリーズ企画を考えようとするなら編集部だけで考えない、ということ。編集部の人間だけが本づくり、出版マーケティングに関わっているわけではありません。一日平均２００冊以上が刊行される出版大国ニッポンですから、目立つ表紙、スッと覚えてもらえるタイトル、適切な価格設定……と本の価値を決める要素はたくさんあります。真面目な話、コア・アイデアになるのが「書店の店長さんが好きな装丁」だったりもするわけです。だとしたら、編集者よりも営業マンの方がネタを持っているかもしれません。職種による専門性を軽視するつもりはありませんが、**まったく別の発想（〝飛び道具〟なんていったりします）を求めてメンバー構成を見直してみてはどうでしょうか？**

企業によっては、お客さまモニター制度のように実際のお客さまからご意見を伺う仕組みをお持ちですが、それはお客さまに臨時プランナーになっていただいていることになるわけですね。とすれば、お客さまやお取引さまからの**アンケートも、物言わぬプランナー**。中小企業だったり小さな組織がプランナーを10人集めてくるのはできないかもしれませんが、すでにある仕組みを活用することで、実質的なプランナーとして機能させられることが分かります。諦めるのは、まだ早い。見逃しているプランナーはいないか、ちょっと想像してみてください。

趣味趣向の差が「ヨコのバリエーション」だとすれば、「タテのバリエーション」も実は大事にしたいところです。なんとなく、アイデアを考えるのは若い人に限るのではないか……そんな雰囲気がありますが、**プランナーに定年はありません**。むしろ長い人生経験からこそ生まれるアイデアもあるわけなんです。広告業界では何十年にもわたって活躍されている方、たくさんいらっしゃいます。さらにこれから始まる本格的な高齢化社会では、ベテランプランナーが活躍する機会が増えるはずです。失礼ないい方ですが、使わない手はありません。

傾向として自分の意見に固執してしまうお年を召した方もいるでしょう。もちろんこれではプランナーは失格です。**プランナーの仕事はアイデアをたくさん出すことであって、自分のアイデアにこだわることではない**ですから。ただ、若い人でもそういう人はいますから、あまり年齢だけで判断してしまうのも、と思います。

## ■アイデアを決めるのがディレクター

プランナーがたくさん考えてくれたアイデアの中から、イチ押しを選ぶのがディレクター。Director = direct+orですから、ディレクターとは指揮する、決める、判断する人のこと。映画なら監督。「＊＊監督作品」なんてクレジット、映画館ではよく目にします。そう、責任ある役目です。

最近は役職名として「ディレクター」となっている方もいますが、アイデア会議におけるディレクターは現実の肩書きとは別、です。念のため。

アイデア会議におけるディレクターは、目の前に集まったバリエーションあるアイデアのそれぞれについて、**そのアイデアが持っている可能性や将来性を見抜き、軸にするコア・アイデアを選ぶ**のがメインの仕事になるでしょう。選ぶ、といっても自分の好き嫌いだけではなく、提案先にとっての最適解は何か、をきちんと判断する必要があるでしょうから、かなりシビアな判断を要求されます。ちょっと大げさですがディレクターの判断が、その組織や企業の意見として外に出ていくことになるわけですから。判断するに当たってはそれなりの経験、あるいは立場も必要になると思います。

ディレクターとしていい判断をしようと思ったら、いい選択肢が（できればいくつも）欲しくなる。これも道理です。その選択肢を考えるのはプランナーの仕事であるわけなんですが、時には陳腐なアイデアしか集まってこないケースもあります。「この中から選んでも……きっとダメだ」の場合。そうならないようにアイデア会議自体を仕向けていくのもディレクターの仕事です。会議室を確保したり、事前にアジェンダを送ったり……といった作業とはまったく別次元での「仕切り」といいましょうか。

いろいろタイプはあってもプランナーをはじめとするスタッフやクライアントから尊敬され、一目置かれているディレクターはやっぱりすごい。短い時間で、ズバリと判断。あるいは「次までに××の領域でもっとアイデアを出してこい」と指示を出します。そしてその結果がまたいい線をちゃんとついていたりしてなるほど、と思う。凄腕ディレクターですね。

同様に**経営者もディレクターそのもの**です。経営とは判断の連続。判断を誤れば、会社が傾いてしまいます。わたしには実感も湧きませんが、ウン千億円の投資案件を決める瞬間なんて、どんな気分なんでしょうね？

それから、非常に苦しい状況の中たった一人でアイデアを考えなければならない時もあると思います。プランナー兼ディレクター、の状態。ピンチはピンチですが、焦りは禁物。やっぱりこんなケースでもプランナーとディレクターは別の役割ですから、分けるのがセオリー。一番簡単なのは、**時間を置いて、演じ分ける**方法。例えば今日はプランナーでひたすらアイデアを考えることに終始して、そのまま寝る。翌朝起きたら、今度はディレクターとして冷静に前日のアイデアを検討する、といった具合。両方の役割を同時に果たそうとすると、アイデア会議は成立しません。

## 3

# 第1ラウンドは「アイデア出し尽くし会議」

## 「選択肢」を事前に準備＋会議の場で出し尽くす

プランナーとディレクターがそろったら、いよいよアイデア会議のスタートです。まずは、の第1ラウンドが「アイデア出し尽くし会議」。ディレクターが選び出すためのアイデアの選択肢を、できる限り数多く出すために集まります。選ぶための選択肢は、多ければ多い方がいい。会議室に5人が集まって、出てきた案が全部で7つ、ではちょっと寂し過ぎます。ですよね？

どのくらいの数が適切なのか。特にルールはありません。ありませんが、ディレクターとして考える一つの目安は、**プランナー一人あたり10案ちょい**。**5人で60アイデア**ぐらいは最低欲しいなと思います。

プロの世界だともうちょっと増えて、一人で20から30ぐらいでしょうか。招集されているプランナー数も多いですから、一度に100を超える案が集まってくることになります。

課題の種類が何であれ、求めるアイデア数については、クライアントの状況や、課題の性質にもよると思います。全国で事業を展開されるようなナショナルクライアントに対しての提案を準備しているのなら、やはり数が欲しくなる。ライバル会社も質の高い活動を行っているでしょうし、それだけ情報性の高いアイデアが求められているからです。ちょっとやそっとではなかなか突破できません。

といって、地場の企業相手なら10案あれば十分か、というとそんなこともなくて。数は一つの目安に過ぎませんが、プランナーの意気込みとしては、できる限り多くのアイデアを会議に持ち寄るのがお勧めです。アイデアの出し過ぎで怒られる人はいないはず……です。

「アイデア出し尽くし会議」においてとっても重要なのは**プランナーは事前にアイデアを考えて、紙に書いておくこと**です。アイデアを考えて、紙に書いて持ち寄る「宿題制度」は必須条件だと思います。

最大の理由は、数多くのアイデアを短時間で検討できること。会議の時間を効率的に使うための知恵です。シミュレーションしてみれば簡単ですが、一人ずつ10案を口頭で発表していたら、あっという間に2時間ぐらい経ってしまいます。これでは本末転倒。だって、**アイデアを出し合うことと、発表することはまったく別のこと**。そもそも50案も聞かされても全然覚えられません！

しかし紙に落としておいてくれたら、1枚あたり数秒で理解できる。同じ時間内により多くのアイデアを検討することが可能になります。


そして会議に出てきた宿題アイデアをベースにして、さらにアイデアをみんなで考えていく。いわゆるブレーンストーミングのイメージです。この時押さえておかなければいけないのは、**まだ選択肢としてのアイデアを出している**、ということ。選択肢に過ぎないのですから、選ばれるかどうかを判断するのは後回しでＯＫ。とにかく出すことに専念したい。

しかしここがむずかしいのです。**気がついたらアイデアの批判合戦**になっていたりします。ブレーンストーミングが崩壊する瞬間、です。そんな状態に陥ってしまう理由はいつでも同じです。何らかのアイデアが出た時点で「**すぐ選ぼうとしてしまう失敗**」になってしまうこと、そして「**下らないことを口にしてはいけない、という不文律ルールの失敗**」の2つなんですね。

アイデア会議を前後のラウンドに分けているのは、この2つの失敗を回避したいから。アイデア出し尽くし会議は、云い換えればアイデアいうだけ会議なわけです。選ぶのはその次。次にいくらでもダメ出しできるから後でね、ということです。「えー、そのアイデア違うよ」といいたい気持ち、よく分かります。でももうちょっとだけ我慢して、と。

同様に「**アイデア思いついちゃったけど、あまりに下らなすぎてこんなこといえない**」**と思うプランナーの気持ちを解除する**のも骨の折れる作業です。ディレクターとしては我慢しないでいいよ、大丈夫、いっちゃおう！　なんですが、まあ……普通いいにくいですね。基本的にはアイデア会議の回数を重ねていくことで、下らない発言に対する免疫（というんでしょうか）をつけて、慣れていくこと。もう一つは下らないことを含めて、アイデアの数を出すことです。全部で７案しか出していないと、その下らなさが目立ってしまいますけども、60あったら、５つや６つは全然気になりません。ホントです。アイデアマン、と呼ばれる人でも、アイデア会議に持ち寄るアイデアの「下らない率」は意外に（?）高いです。それでも何とかやっていけてますから、大丈夫なんですよ！

## 4
## 第2ラウンドは「イチ押しアイデア選び出し会議」
### 出し尽くした選択肢から筋がよくて面白い、に絞り込む

第1ラウンドでのやり取りを経て、いい感じにアイデアがたくさん出てきたら、いよいよ後半へ。どのアイデアが、課題を解決するための最適解なのか。議論を通じて選び出していきます。その場にいる全員が「これだ！　決まり！」と全会一致できるアイデアがあれば、もう本当にラッキー。なんですが、まあそういうことはほとんどありません。どの案にも長所短所がありますし、よくも悪くも一長一短……要は意見が分かれることになります。

だからこそ、の判断者＝ディレクターの出番。プランナーにとっては、アイデアは自分の子どもですから、やっぱりかわいくって「絶対これがいいですよ」と

いうかもしれない。あるいは「どれも同じぐらいにいいよね……5案出しますか?」と、これまた無謀なことをいっている。

ビジネスに100%の正解はないですから、当然**どの案にもいくばくかの課題解決につながる真実はある**んだと思います。同じく、提案相手のお好みもあるでしょう。時には一番いいだろうと思える案と、先方の文化とがズレていて、イチ押しで提案するにはちょっと躊躇《ちゅうちょ》してしまうようなことも十分ありえます。そういう諸々の環境を含めて、誰かが判断をしないといけないわけです。自分の選ばなかった中に当たりがあったらどうしよう?　なんて迷い始めたらきりがない。**最終的には自分の判断を信じる**ことになります。ハードな状況ですが、これがディレクターの仕事です。

おそらく大半のケースでは、会議の場に出てきているアイデアはまだまだ粗削りのままで、まだ企画に整えられた時の完成形にはほど遠いはずです。その原型を見たところで、**最後の仕上がり具合を想像できる**のもディレクターが備えておきたい能力になるでしょう。若くて経験の少ないプランナーだとアイデアを見たままの状態で判断してしまって、その秘めた可能性に素通りしてしまうこともあります。

とはいいながら、企画へ整えるパートも同じチームで作業をしていくことがほとんどでしょうから、ディレクターがあまりに先走ってしまってもその後に差し支える。なぜその案を選んだのか、をそれなりに説明して欲しいところでもあります。

さらにいえば、そのアイデア会議で本当にすべてを出し尽くしたのか、という疑問もあります。論理的に1%の余地もなくアイデアを出し尽くすのは無理なこと。あくまで人間が限られた時間の中でやることなので、出し尽くしたといっても厳密にいえばそれは嘘で、当然ながら、まだ気がついていないポイント、ジャンルもずいぶん残っているのは事実だと思います。その隙間《すきま》が見えて、かつ「まだアイデアを出せるな」と感じる時はあります。プランナーたちがまだ全力を出し尽くしていない、あるいは、ダイヤモンドが隠れている鉱脈に気がついていない……。

**「もう一度、考えてみようよ」**　ディレクターだけが発することのできる一言。プランナーとしては自分なりに一生懸命考えてきた（つもり）ですから、うわ、来た……って感じでちょっとショック。でもいいアイデアが出なければ、最後の勝利もないのですから、ここは断行、でしょうね。やっぱり企画の核となるだけの、アイデアを考えるのはそう簡単ではありませんから。

ちなみに、第1ラウンドと第2ラウンドが一度に行われてハイ、スッキリ！なんてことはなかなかないかもしれません。前半戦のラウンドを何回か繰り返すのが普通です。ですから最終的には数百にのぼるボツ案の山、が築かれます。プランナーの立場であってもなかなか「これは行ける！」と自分で思えるアイデアにぶつからない時もよくあります。「もう一丁」といわれて（悔しいんですが）仕方ないな……みたいな。どこで判断のステージに入るのか、それはまさにディレクターが決めることになります。

アイデアを拡げる拡散の第1ラウンドと、コア・アイデアを選び出す収束の第2ラウンド。アイデア会議は構造的にはこの2つのステップを踏んでいくことになるのですが、現実のアイデア作りの現場では、そうスッキリと分けられないのも事実です。実践的なアイデア会議は、**第1ラウンドと第2ラウンドを行きつ戻りつしながら「行けるアイデア」を探していきます**。

例えば、3つの案を企画として提案しようとディレクターが想定しているアイデア会議。全ての案が一度に決まるとは考えていなくて、ラウンドを繰り返すごとに一つずつ、のべ3回のラウンドで企画書まで持っていくだけのアイデアがそろうだろう、とディレクターが読んでいたりします。

あるいは、最初のアイデア会議では有望な予感。もっと可能性を深掘りしてみようとさらなるアイデア出しを指示してみたものの、どうもイマイチ。また振り出しに戻ってみよう……なケース。

これは致し方ないことだ、と思います。アイデアや企画を考えるのは非定形型、研究開発型のワークです。どれほど緻密《ちみつ》に工程を組んでスケジュールを管理しようとしても、いいものが出てこない限り前には進めない。ディレクターとしては時間の許す限りいつまでも考えていたい。しかし企画をプレゼンテーションしなければいけない日は迫っています。アイデア会議は時間との勝負でもあるのです。

そこまで苦労して必死に考え抜いたアイデア、企画が必ず勝つのか？　残念ながらそんなことはありません。「これしかないだろう！」と自信満々だった企画でも、やっぱり外してしまうことはあります。

それはチームの人選、プランナーのアイデア不足、ディレクターの判断ミスにその複合と、理由はそれぞれあるでしょう。しかし勝つにせよ負けるにせよ、**チームの代表としての責任はディレクターにある**のです。

アイデアを出し尽くして、選ぶ。会議に参加するメンバーの役割の自覚と機能を果たすこと、そして拡散と収束のステージをしっかりとコントロールすること。たったこれだけのことですが、奥深い。ただ、誰にでもできることです。ウチは烏合《うごう》の衆？　とんでもない。あなたのチームで十分できます。三人寄れば文殊《もんじゅ》の知恵。いいアイデアを目指して燃えるチームと、燃えるアイデア会議は神々しく美しい、のです。

# 第2章

# アイデア会議のゴールデンルールズ

誰にでも覚えられるシンプルなルールこそが、
最大のレバレッジを生む

第1章ではアイデア会議の仕組み、構造を整理しました。拡散と収束のステップを踏みながら、コア・アイデアをチームとして見つけること、掴むことがアイデア会議の目的であり、成果です。ただ、仕組みは仕組みでしかなく、**実際にどのように運用されるか**でアウトプットの質が大きく変わってきます。アイデアに近いことでいうなら、ブレーンストーミングという仕組みを知っていても、誰かがアイデアキラーになってしまうことで台なしになってしまう失敗です。

アイデア会議を上手に回していくためのルールをここで明らかにしておきましょう。ルールはいたってシンプル。覚えられないルールでは意味がありません。ディレクターであれ、プランナーであれ、アイデア会議に参加するチームメンバー**全員がルールを知る**ことで、あなたのアイデア会議は**さらにパワーを発揮**します。その成果は？　いうまでもありません。

[アイデア会議のゴールデンルールズ]

ルール
1
**持ち寄る（手ぶら禁止）**

ルール
2
**発言と発言者とを切り離す**

ルール
3
**選ぶ**

## 1 ルールその1「持ち寄る」

### ■アイデア会議は「手ぶら禁止」

すでにお分かりのように、アイデア会議は「手ぶら禁止」です。プランナーはとにかく書いて持ってくるのが役目。**アイデア会議は「持ち寄る」場**なのです。

売れっ子のディレクターやプランナーたちは連日にわたって集まっては次の提案に向けてのアイデアを探しています。まったく種類の違うプロジェクトを一日に数本は掛け持ちしているのが普通。でも「会議」という単語はほとんど使いません。そのかわりに使うのが「打ち合わせ」という言葉。お互いが何かを打って、合わせる。打ち合わせ、という言葉には参加者であるプランナーにアイデアを持ってくることを要請している響きがあるな、と思います。当然ながら、社内であろうが社外であろうが、**打ち合わせは手ぶら禁止**。何でもいいから、とにかく何かを考えて、紙にして持ってくるのがプランナーの基本です。

そして個人が考えたアイデアを持ち寄ることが、アイデア会議の密度をグッと高めます。下準備、ウォームアップ済みの人たちが集まるわけですから、話が早いし、反応がいい。アイデア会議では、自分の出したアイデアに固執するよりは他人の案に乗っかることも必要になりますが、自分が何もアイデアを出せていなかったりすると、やっぱりノリも悪くなる。同じ2時間でも濃さがかなり変わってくる実感があります。

## ■アイデア会議は対決の場ではない

そして「**持ち寄る**」は「**プレゼンテーションする**」**ともまた違う**行為になります。ここでいうプレゼンテーションって、説明から一歩進んで説得する感覚なんですが、実は これ**対決の構図**。聞いている人に対してイエス／ノーの選択を迫る感じが出てきてしまいます。

ちなみに「いきなり企画会議」は完全に説得系プレゼンテーションのモード。やはり対決のモードです。ある程度の完成度を持った企画が複数出てきた時は、どちらを選択するのか、判断が求められてしまいそうになる。企画同士の対決、勝った負けたの世界になりがちです。

ところがアイデア会議は、まだ対決する段階には達していません。出てくるのは生まれたてホヤホヤのアイデア。まだ海のものとも山のものともつかないヨチヨチ歩きの赤ん坊です。「**アイデアは、とてもか弱い**存在だ。嘲笑やあくびに抹殺され、皮肉の刃にかかり、冷たい表情に死ぬほど驚かされる」（チャールズ・ブロウ）といわれているほど。持ち寄られるアイデアは相手を説得するどころか、とりあえず書いてみましたレベルのアイデアだらけです。

というわけでアイデア会議に寄せられた「**アイデアスケッチ**」はハッキリいって穴だらけですから、真っ正面から突っ込まれてもポンポンとは返せない。まだそこまで考えが巡りきってないからです。だから最初から否定するつもりであれこれと難クセをつけてアイデアを潰してしまうのはいたって簡単なこと。アイデアキラーの活躍できる危険性が常に存在します。

そんな不毛な対決モードはアイデア会議、特に第1ラウンドでは絶対に排除したい。だから説得系プレゼンテーションをする必要はありません。**アイデアスケッチは、もっとお気楽に出すもの**であるべきなんです。時折、「オレは絶対この案がいいと思います!!」なんて激しく詰め寄ってくるプランナーもいます。それはそれで微笑ましい……のですが、熱く持ち寄る、がしつこい売り込みになってはいけない。持ち寄るアイデアにはそれなりの自信、自負心はあって欲しいのですが、プランナーはプランナーであって、セールスマンではありませんから。

プランナーの立場なら、**プレゼンテーションするのではなくてご披露《ひろう》する**、ぐらいの感覚がいいと思います。ディレクターとしてはメンバーにそうお願いをしてください。生まれたての赤ん坊アイデアです。そっとやさしくその場に置いてあげましょう。

## ■「アイデアのヒント」を持ち寄ってもいい

ディレクターから出された課題という宿題への回答を、アイデアスケッチにして持ち寄る、のがプランナーの基本ではありますが、時には「どうしても思いつかない」「アイデア数が足りない」ってこともあります。他業務でのトラブルや個人的な事情があって、当初予定していた考える時間を奪われてしまうこともあるでしょう。

そんな時はどうするか。わたしなら「**アイデアのヒント**」を持っていきます。具体的には最近自分が気になってメモを取っていたこと、ニュースで知って「へえ、そうなんだ」と記憶に残ったこと。いわゆるトリビアでもいい。

「映画『ホテルR』に当初日本上映の予定はなかった」
「恵比寿の□□通りにある書店のＰＯＰが面白かった」

そんなノリ。プランナーとしての感度が反応した世の中の事実ですね。あるいは、出された宿題や提案相手のクライアントに関する、ちょっといい話。

「R社の社長は××が好き」
「W市△△中学校には、なぜか落語全集がそろっていた」……などなど。

あくまでメモですから、スケールが大きくある必要はありません。ただ、その1枚が誰かがアイデアを発想するためのヒントになればいい。アイデアメモが出せないかわりの「アイデアのヒントメモ」です。

そのメモを持ち寄った時には「すいません、時間がなくて……」程度の前置き(お詫び)だけして、後は堂々とご披露してください。聞いてくれた中で一人でも「へえ」と頷いてくれたならまずは成功。意外とお役立ちメモになります。
このやり方、新米プランナーにも実はお勧め。「アイデア」と「アイデアのヒント」とを混ぜながら、まずは**数を出して、持ち寄って、みんなに披露する。**そのサイクルをカラダで覚えていくトレーニングにもなりますから。

## 2
## ルールその2「発言と発言者とを切り離す」

### ■アイデア会議では話し合ってはいけない⁉

逆説的な表現になってしまいますが、実は重要。これこそアイデア会議を成功させる最大のコツです。アイデア会議では「慣れるまで、相手の目をじっと見ながら**話し合ってはいけない！**」と思っています。

心理学的にどう説明できるのかは分からないのですが、わたしたちは「発言自体と、その発言をした人間を分けて考えること」が苦手です。

例えば会議の席上、上司である部長がいった発言に対してやや批判的な質問をしたとしましょう。

わたし「部長、それは間違いで、△△なんじゃないですか？」

発言しているわたしは「部長が間違っているんじゃなくて、部長の発言が間違っている」と思っているわけで、発言内容もそうなっています。

しかし。しかしです。そういわれた部長さんは「こいつ、オレを間違いだといっているな？」と勘違いなのか、早とちりか、とにかく曲解して、**自分自身が否定されたように感じてしまう**のです。さらに、わたし自身もいつの間にか「部長はホントに分かってないよな……」なんて気分になってしまう。

当初の意図は発言そのものの是非だったはずなのが、**いつの間にか発言者の評価にすり替わってしまう**んですね。この不幸なやり取りが始まってしまうと本当に悲惨です。会議自体はもちろんシーンとしてしまうでしょうし、後味も悪い。その揚げ句に……といいことがありません。

このリスクはアイデア会議でも同様です。発言と発言者を混同してしまう＝真《しん》摯《し》に向き合って話し合ってしまうと、アイデア会議はうまく行かない、という不思議な現象が起こるのです。

ただ、これは解消できる問題ではあります。まずは**アイデア（＝発言）の数を増やす**こと。部長プランナー殿が「オレは一案しか出さない」では困ってしまうのですが、10や20もアイデアを出していたら、よくも悪くも玉石混交《ぎょくせきこんこう》。つまらないのもありますし、それは本人も自覚できる。大量のアイデアを集めることには、発言者が誰だったかを消してしまう効果もあるということですね。

それから**慣れ**。発言する方も、それを聞く方も、「発言と発言者とは別なんだ」をカラダで理解できるようになってくると、お互いに気にならなくなってきます。その領域にまで達すると、上司（でもその場では一人のプランナー）に対して「それ、つまんないスね」なんて平気でいうようになったりして。まあ現実的には謙譲語やら尊敬語を駆使しつつ、「このアイデア、つまらないかもしれないです」「それってつまらないってことか？」「は、はい……」ぐらいで意思疎通ができたらいいですね。

## ■発言と発言者とを物理的に切り離す

アイデア会議では、発言者が社長であろうと誰であろうと、ダメなアイデアはダメ。**純粋にアイデア至上主義であるべき**です。偉い人がいったから採用、では誰のためにもなりません。

そこでアイデア会議のルールその２「発言と発言者とを切り離す」が有効に機能するわけです。向かい合って話しながら議論をすること自体が、ややもすると対決の構造を呼びかねない。「部長のアイデア」に意見しているつもりで「部長本人」に向かって意見する、その物理的な位置関係が発言と発言者とを混同させる、ということです。でも部長のアイデアが〝音〟のままになっていたら、まさに部長の肉体から出てくるわけですから、切り離しようがないのも事実です。

ところが、その部長のアイデアが１枚の紙になっていたらどうでしょう？　これは**発言と発言者とが物理的に切り離された状態**です。部長本人を見ることなく、アイデアについてコメントできる。このやり方だと聞く方も意外に冷静。自分自身も第三者的にアイデアスケッチを見ながらコメントを聞いていますから、「確かに、おまえのいう通りだな、ちょっと足りないね」と納得しやすい。人数が少なかったりすれば、アイデアスケッチを見て、それが誰が書いたスケッチかは分かったりしますけれども、視線がズレるだけでもかなり違います。アイデアをアイデアとして純粋に見ることができるようになります。

アイデア会議の場で出てきた新しいアイデアも、すぐに紙にしてしまうといいですね。自分で書いてもいいし、誰か書記役がサラサラっとメモってもいいです。あるいはホワイトボードを上手に使ってみるのもお勧めです。

アイデア会議はアイデア至上主義。その成功の秘訣は発言と発言者とを物理的に切り離すことにあるのです。このルール、サイズの小さい組織内で会議をする時には特に効きます。机の上がアイデアスケッチであふれると、もうテキメンです。

## ■視線をそろえるとうまく行く

発言と発言者とはすぐに切り離してしまいましょう。例えば出てきたアイデアをみんな**部屋の壁に貼って一様に眺める**ようにしてみる。

こうなるとアイデアスケッチ自体はバラバラに貼れるし、なにしろアイデアの数が膨大ですからどれが誰のやら、まるで分からなくなってしまいます（自分が出したのぐらいは覚えているでしょうけれど）。

発言と発言者とは完全に切り離されていますし、さらに距離もありますからとてもクールに、純粋にアイデアのみを検討することができるようになります。面白いことに、いつもは自分の意見にはこだわるタイプの人が「これ、ないね」って自分が書いたスケッチをすぐに脇に寄せたり、なんてことが起こったりするんです。アイデア会議としては理想の状態ですね。

そこまで参加メンバーを〝第三者化〟できる秘密は「**全員の視線を同じ方向に**

**向ける**」ことにあるのでは、と思っています。科学的には上手に解説ができないながら、おそらくそうだろうと。昔「これは、と思う相手を接待するなら、バーのカウンターに行け」と教わりましたが、同じことなんでしょうね。同じ方向にカラダも視線もそろえることで、親近感、仲間感が増幅されるのではないか。

アイデア会議なら、全員で壁を見る（横に視線をそろえる）、あるいは全員で机を見る（縦に視線をそろえる）。みんなで見る、を概念だけでなく物理的な状態に加工してみてください。いい感じになれると思います。

# 3 ルールその3「選ぶ」

## ■アイデアの合体、が果たしてベストなのか？

ルール1、およびルール2では、**できる限り「対決モード」を回避する**ことを目的としていました。それによって、チームメンバーが目にし、検討できる選択肢の数を増やし、アイデアをアイデアとしてスムーズに議論する環境を作ることができるからです。

最後のルール3だけは、やや様相を違えます。最終的にアイデアは「選ぶ」ものなのです。これは主にアイデア会議第2ラウンドでのルールになります。第1

ラウンドでは各アイデアについて判断をせずに、可能性をどこまで拡げられるかを追求する拡散のラウンド。第2ラウンドは、いよいよコアになるアイデアを選び出す段階ですから、絞る、捨てる、選択する、の世界に様変わりします。

この時、捨てるのが惜しいばかりに他の案と合体させて生き残りを図ろうとするパターンがありますが、これは**止めた方がいい**。いわれてみれば分かることですが、イイトコドリした「**あれもこれも**」**なアイデアはかえって個性を失ってしまいます**。企画書にはあれやこれやと詰め込めますが、実際のアウトプットになった時には、矛盾が露呈しておじゃん、です。

アイデアを絞り込む、とは数もそうですが**メッセージを絞る**こと。正解は誰にも分からないし、こちらの判断が相手に受け入れられるかどうかも分からない。さらに目の前にあるアイデアはどれも素敵に見えて、確かに甲乙つけがたい……。アイデア会議はそんな〝接戦〟の連続でしょうが、ここはぐっと我慢。アイデアの尖り具合を大事にしながら、イチ押しアイデアを選んでいくべきなのです。

全員賛成のアイデアが本当によいかどうかは分かりませんし、2案しか提案できないのに、3つの有力候補が最後まで残っているケースもたくさんあります。保守的な相手に対してアヴァンギャルドな提案だけをぶつけてみよう、も立派な戦略。ある程度のクオリティを確保できていたなら、その中から選ぶのは、提案までのゴールイメージが描けているディレクターにしかできないのです。

## ■合議制？　それとも独裁？

チームで考えている、といいながら最終的なアイデアを選ぶのがディレクターの仕事です。あまり自分の意志を立てないで、みんなの意見で決めたいと思う性格をお持ちのディレクターもいるでしょう。確かに合議と独裁、その線引きは微妙です。チームメンバーからも嫌われたくないですし……。

ただ、企画提案というタイプの仕事においては「**意見は十分に聞くけれど、ディレクターが自ら判断する**」やり方がベストなのではないか、と思います。

と考える理由は、提案相手に関する情報量の違いです。何かの企画を考えるにあたっては数名からのプランナーがワークを担当することになりますが、社内外を問わず提案相手と直接話した経験のあるプランナーはほとんどいないことがあります。普段チームを代表して先方との打ち合わせを行っているのはディレクターです。ですから相手の顔や雰囲気、ひいては社風といった直接接していないと分からない情報（すなわち判断材料）を持っていることになります。大人の判断、といってしまうと語弊があるかもしれませんが、総合的なジャッジメントを下せるのは、実はディレクターだけだ、ともいえるわけです。

その一方でプランナーからの意見も貴重です。彼らはクライアント情報は少なくても、その分、世の中や社会、消費者の情報を持っているからです。しかも複数のプランナーが集まっているならば十人十色、さまざまな角度からの情報が入る。こうした「**世の中尺度**」も判断材料として大切にしたいです。クライアントばかり見ていたがゆえの独りよがり企画ほど悲しいものはありませんから。一日に与えられた時間は24時間。その限られた時間をクライアントのために使っていたり、世の中のために使っていたり。それは個々人によって、置かれた事情によってバラバラなわけですが、そのバラバラなメンバーがチームとして集まることで、また一つになる。チームで作業することのベネフィットですね。つくづく、個人の限界を感じてしまいます。

**いいアイデアとは、世の中尺度／提案先尺度のバランスの上にある。**その両方を受け取ることができる立場がディレクターなのだ、と再解釈するならば、やっぱり最後はディレクターでしょう、と思う次第です。

## ■選択肢は十分か？

いわずもがなですが、選ぶためには母体となる選択肢が必要です。それもいいものを選び出したかったら、選択肢は多ければ多い方がいい。３つの中から一つを選ぶのと、１００から選ぶのとでは全然違います。

両者の結論がたまたま同じアイデアになったとしても、抱えているバックグラウンド＝選択肢のボリュームと結論にいたるまでのプロセスが断然違いますから、プレゼンテーションの迫力も変わってくると思います。当然多くのライバルを押さえて選ばれたアイデアはやっぱり強いです。チームとして考え尽くしたかどうか。相手にもそれとなく伝わるものです。

**考え尽くした感があるかどうか**、はチームの結論にとって大きな影響を与えます。クライアントへのプレゼンテーション、その後の質疑応答の時間に「それで、△△△あたりは当然検討されての本日のご提案なんですよね?」よく聞かれる質問です。

数日前、コア・アイデアを選び出す過程でその議論ができていたならスラスラとよどみなく返事ができるでしょうが、もしも見落としていたら「え、ええ……もちろんです」の冷や汗演技。結果はともあれ、ディレクターとしてはワークデザイン上のミステイク。検討するべき選択肢が不足していたことを反省です。

残念ながら、想定しうるすべてのアイデアをチェックすることはまず不可能です。時間的制約もあるし、プランナーのメンバー構成上、出てきにくいアイデアってあります。新商品発売キャンペーンが起用タレント勝負になった時、「あれだけ考えたのに、出てこなかった人選」で負けちゃった、のような。だから論理的にすべての可能性を潰すというよりは、チームとして考えうるパターンについてはきちんと選択肢化することに意識を向けることです。

コアとなるアイデアを絞り込んでいくプロセスは、個人的なイメージでは将棋を指すことに近いかな、と思います。定跡があって、その上で珍しい手もあって、さらに試合では相手との呼吸を見計らっての奇手がある。定跡を知らないでは話になりませんし、奇手の部類についても他棋士の対戦から情報を得ておいて、記憶の中で選択肢として持っておく。そこまで拡げた選択肢を含めて、目の前に出現した新しい局面を打開するために最適と判断する一手を打つ。

ビジネスの企画、そのためのアイデアの場合なら、せめて定跡は確実に押さえておきたい。反対にプランナーの立場からすれば、選ぶのに困りきるぐらいの状態に持っていきたいですよね。

# プランナーにとってのアイデア会議とは？

考える、考える、考える……自分のアイデアで会議室を埋め尽くせ！

第3章

自分のアイデアが企画となり、世の中に出ていく時。プランナーとして無上のうれしさを感じる瞬間です。そのうれしさは何かをやった、やり遂げた……という自分自身への誇らしさと同時に、**自分の中から出てきた何かが、誰かの気持ちを動かしたり、その人たちの生活をちょっとだけでも素敵にできたりした**、という喜びです。このうれしさを一度知ってしまったら、ちょっと抜けられない気がします。ずっとプランナーであり続けたい！　という気持ち。

でも、と話は続きます。そんなうれしさを感じるためには、乗り越えなきゃいけないハードルがたくさんあります。考える、考える、考える……考えるのがとにかく仕事。アタマとカラダを動かし続けなければ、愉しいことになりません。

そんな愉快なプランナーにとってのアイデア会議とは、道場での試合のようなものかもしれません。道場には他流から剣の使い手もやってきます。その中で自分を鍛えていく。試合の場数を重ねれば重ねるだけ、失敗を繰り返しつつも上達していきます。**アイデア会議という道場のお作法**とは何でしょうか？

# 1 会議までにアイデアをたくさん出しておく「云い出しっぺ」の仕事

## ■プランナーが「云い出しっぺ」にならないと始まらない！

プランナーにとってはアイデア会議前が実は勝負だ、と思います。ですよね、アイデアを考えるのが商売なのに手ぶらで行ったら叱られます。会議の前、どこでもいいですからちゃんと考える時間を作る。そして**最低10案、できればそれ以上のアイデア**を考え、会議に持ち寄り、ご披露する。これは**「云い出しっぺ」**というプランナーが果たすべき役割、機能です。結局どんなものであれ、アイデアは誰か個人の頭からしか出てきません。誰かがいい出さないと、始まらない。だから「云い出しっぺ」。アイデア会議に備えてあれこれ考える、とは「云い出し

## ［アイデア会議までの時間配分］

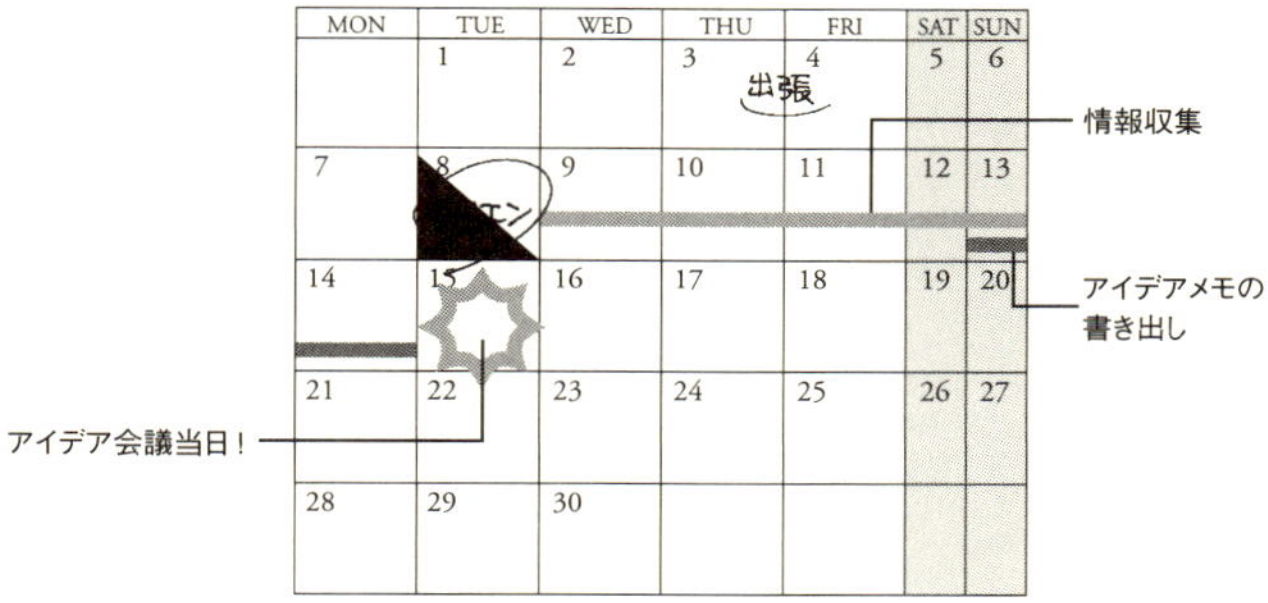


・プランナーに土日は関係なし?
とにかくアイデア会議までに考える!

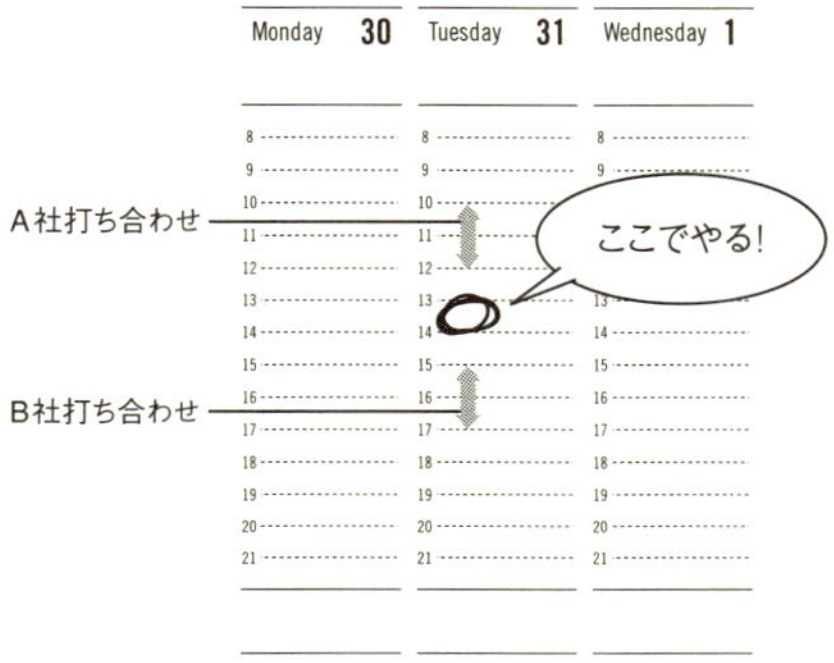


・どこかでアイデアをメモにする時間を作る。
紙にしないと“ないと一緒”

を用意していく、ということでもある。

いいアイデアが出せたら、その**アイデアは成長をしていきます**。途中でいろんな人の意見をもらったり、あるいはさまざまな制約を乗り越えることでアイデアはその個性が磨かれ、魅力をどんどん増していく。その過程とは、ある意味、自分の手を離れていくことでもあります。だけれども、輝く魅力の源泉はどこまでいっても「云い出しっぺ」のもの。その栄誉は、自分が始めなければいつまで経ってもやってはこない。「あの企画、おまえがいい出したんだよな」っていわれたら、うれしいですよ？　そのチャンスをみすみす逃してしまいますか？　もったいない！　やっぱり考える、そして「云い出しっぺ」になることが、プランナー冥利に尽きるんです。

## ■考える、とは紙に書くこと！

さて。じゃあ考えるぞ、と思う。端的にいって、**考える、とは紙に書くこと**です。考えると書いて、紙に書くと読む。それぐらいイコールの関係です。紙に書かれてないことは、ないと一緒である、と真剣に思ってます。書く時は恥ずかしがらずに、大きく書くのがお勧めです。**A4かB5、サイズはそのくらいの大きさの紙1枚に、1案だけ書いてみる**（この本ではアイデアスケッチと呼んでいます）。だから10案なら10枚、30案なら30枚のアイデアスケッチをアイデア会議に持ち込んでみてください。

本当はアイデアの質が問われるのが本筋なんですが、量もまた大事。**質は量が生む**。とするならば、量を出せないヤツに質が高いものが出せるのか？　もし出せたとしてもそれはまぐれに過ぎないのではないか？　と考える。プロのプランナーは、概して打率がいい。プロ野球選手もそうなんでしょうが、コンスタントに結果を出すためには、どこかで素振り練習をしているんですね。プランナーにとっての素振りとは、まさにアイデアを書くことに他なりません。

この作業段階で気をつけたいことが2つほど。まずは「アイデア」をあまり細かく作り込まないでおく、ということ。えっ、どういうことですか？　と聞かれそうですね。前提を今一度確認すると、今プランナーが考えなければいけないのは企画の核になるアイデアの選択肢をたくさん出すこと、でした。ポイントになるのは、**まだ企画まで詰まってなくていい、むしろ詰めすぎはＮＧ**なんだ、ということ。「いきなり企画会議」癖がついてしまっていたりすると、ついつい細かいところまで書き込みそうになります。この時点ではまだラフなアイデアがいい。

ひょっとすると、アイデアスケッチの段階でパソコンを使うことは止めた方がいいかもしれないですね。パソコン（PowerPointなど）でラフなスケッチを作る、って実は慣れが必要です。なぜか分かりませんが、気がついたら必要以上に書き込んでしまっていたりして。今欲しいのはエッセンスだけが描かれているメモの枚数ですから、手書きの方がスピーディかもしれませんね。

もう一つは、**会議に持ち込むアイデアのレベルを上げすぎない**こと。おそらく大抵の方々が高すぎるんじゃないでしょうか。下らないもの、馬鹿馬鹿しいもの、アホらしいもの……どれもあなたのアイデアです。捨てるにはまだ早い。知らんぷりしてアイデア会議へ出してみてください。

**下らないアイデアの効能**ってあるんです。笑いが取れたら場も和みます。愉しいアイデア会議のムードメーカーになれたら、一見下らなくてもそれはグッドアイデアです。

## ■これが「アイデアスケッチ」！

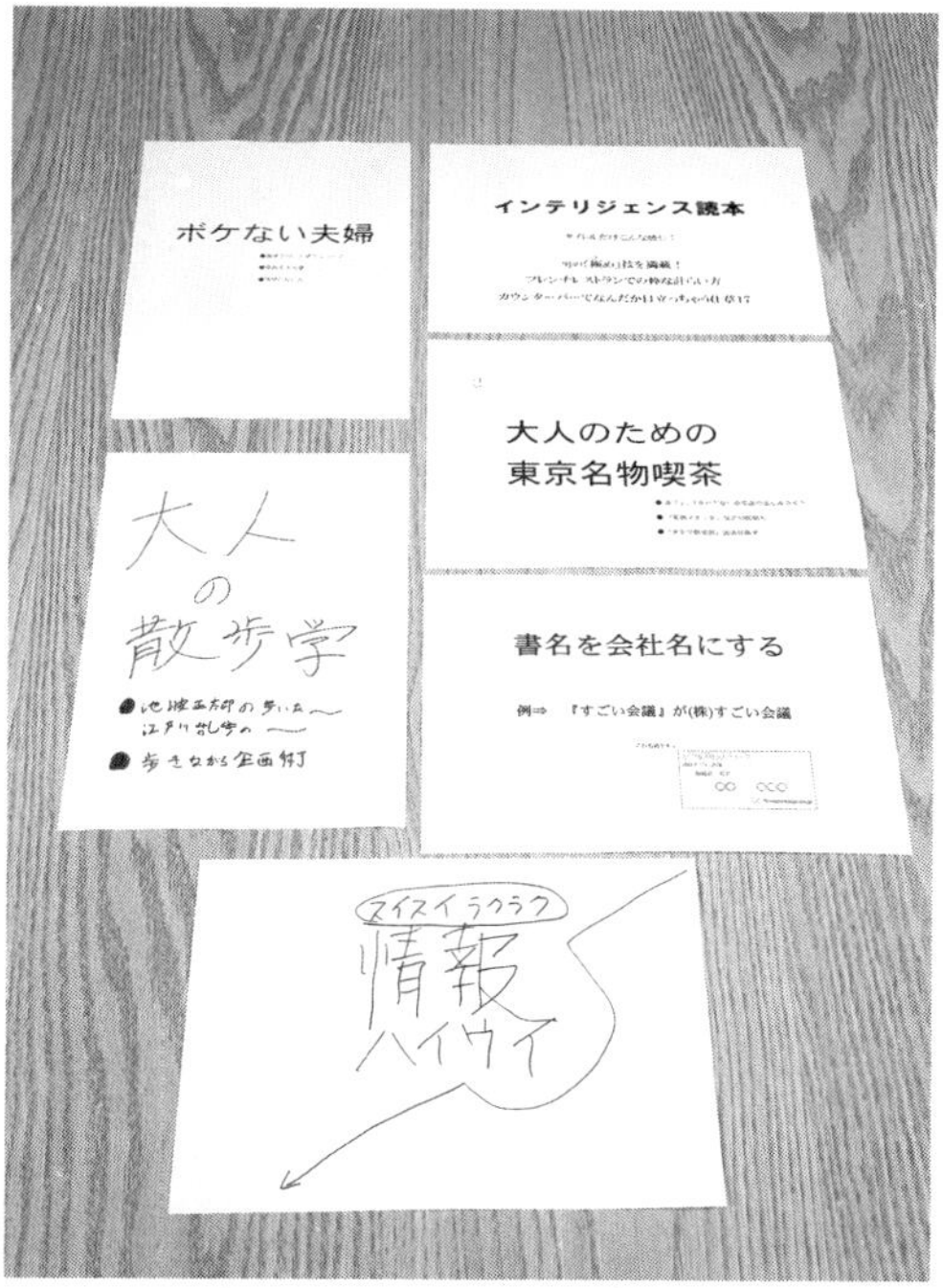


・エッセンスだけのメモでOK。とにかく枚数！

97ページを見てください。アイデアスケッチのサンプルイメージです。わたしがお伝えしたい「アイデア書き込みレベル」と「下らなさ」の感覚を掴んでもらえるでしょうか？　この程度なら、自分にも書けるよ、と自信を持ってもらえるとうれしいのですが。

この例は出版企画、それもロングセラーを狙ったシリーズものを考えよう、というお題を宿題として集まってきたアイデアスケッチです。「どこがロングセラーやねん？」と思ったあなた、多分正解です（！）。それから「これでシリーズになるの？」と直感してしまったあなたも……正しい。まあ冷静になって収束視点でみるなら、ほとんどが〝使えないアイデア〟でしょうね。

でも、と続けさせてください。これこそがアイデア会議です。この、まだ訳の分からない混沌とした状況からすべてが始まる。あなたがディレクターだったら「おお……また下らないのが集まってきたな……」とニンマリしてください。さあどうしてやろうか、と燃えるぐらいがちょうどいい。

それから、その**アイデア自体は何でもなかったとしても、その1案が、誰かの**

**アタマに火をつける**ことがあります。「お、そう来たか……だったら……」いつの間にか泉のようにアイデアが湧いてきたこと、経験ありませんか？　自分が下らない、つまらないと思っていても隣のプランナーには意味があるかもしれない。アイデア会議を俯瞰《ふかん》して見れば、あなたがその1案を出さなかったことで埋もれてしまったアイデアがある、その方が悔しいわけですよ。だから、出す。**迷ったら、出す。思いついてしまったアイデアを出さないことは罪**なのだ、と思って欲しいくらいです。

じゃあ、アイデアってどう考えたらいいの？　アイデアを考えるとは何をどうすることなのか。ホントにいろんな考え方や方法があります。どれがいいともいえません。自分に合った方法が見つかればそれがベスト。手引き書となるいい本もたくさんあります。『アイデアの作り方』（ジェームス・ウェブ・ヤング著）、『アイデアのヒント』（ジャック・フォスター著）、『スウェーデン式アイデア・ブック』（フレドリック・ヘレーン著）、『パワポ使いへの警告』（榊原廣著）など。あれこれと実際に試しながら自分なりの技を見つけて、体得してください。

## ■個性的なプランナーになる!

そんなこんなで、アタマを絞って考えるんですがアイデアって本当に不思議なもので、自分があれだけ考えて、考えて……もう出ないと思っているのに、他のチームメンバーはさらっと違うアイデアを出してきます。残念ながら、自分一人だけではどう頑張ってもすべてのアイデアを網羅することはできません。

繰り返しになりますが、この世の中にアイデアは3種類しかありません。

①「自分に出せたアイデア」
②「自分には出せなかったけど、すごくよく分かるアイデア」
③「自分にはまったく想像もつかなかったアイデア」

これだけ。そして③もさることながら、②の「悔しい」「やられた!」見せられてハッとするアイデアをどれだけ出せるかが勝負、でした。

アイデアを出す側、プランナーとしての成長シナリオを描くなら、①を増やして②と③とを減らす。特に②を上手に出せるようになると、「優秀なプランナーだね」っていわれると思います。

ハナから認めてしまうのも癪ですが、やっぱり限界はあります、現実として。けれど、そこで止まっている必要もない。野心的なプランナーが「オレが100案出して、他のヤツラの分を全部網羅してやる」なんて息巻くのもありでしょうが、それはあまり意味がない。他人とアイデアがダブってしまうよりは、一つも重ならないで見事にバラバラだった方がアイデア会議としてはがぜん面白くなる。

**プランナーが自らを鍛えるとは、自分の個性を活かした強いジャンルを持つこと**です。ジャンルは何でもいいと思います。日本のことでもいいし、外国のことでもいい。妙に細かいことに詳しい人もいますよね。カブトムシの生態、とか。それ、いつ役に立つんだ……？　そんなことでもOK、と断言します。結果として、**自分だけしか出せないアイデアがあるかどうか**、がプランナーの個性のあるなしを決めるのです。

だって結局アイデアは個人の頭の中から出てきたものが出発点。**最初からいたって個人的なもの**ですから。採用されるかどうかを考えるのはディレクターの仕事。そこは任せて、自分らしさが存分に含まれたアイデアをたくさん出して欲しいと思います。ど真ん中の直球アイデアだけではなく変化球も交えつつ、自分なりのピッチングを組み立てる感じでしょうか。

アイデア会議のディレクターが期待しているのもそういうこと。プランナーが自分の個性を最大限に活かしながら、一つでも多くのアイデアを考えてくれることなんです。

## 2
## 会議では他人のアイデアを膨らます「云い換えっぺ」の仕事

### ■「云い換える」でアイデアの核心をハッキリさせる！

アイデアは持ち寄って終わり、ではありません。アイデア会議が始まった後にもまた愉しい時間が待っています。プランナーにとってはアイデア会議までも勝負、そしてアイデア会議そのものも同じく勝負の時間。アイデア会議前にあなたが作ったアイデアスケッチ（ちゃんと紙に書きましたよね？）は、まずもって玉石混交で、その大半は、スケッチだけではアイデアのいいところ、がやっぱり書ききれていないことがほとんどです。

パッとアイデアスケッチを見て「お、これなんかいいな。引っ掛かるな」と反応できても、じゃあそのまま採用！　までにはまだ距離がある。いわゆる「**もうちょっと揉むと、よくなる予感がする**」状態。つまり、アイデア会議に登場した各アイデアの原石は、何かしらの方法で研磨されるのを待っている。そうです、アイデアを磨くのもプランナーの仕事です。ピンとくるこのアイデア、どうしたらもっとピンピンくるようになるのか。それを考えるのもまた、プランナーにとっての重要な仕事というわけです。カッコよくいえば「共創」とか「創発」。砕けていえば「わいわい・がやがや」。広告業界なら「揉む」ってところです。

アイデアを磨くのはいわゆる〝ダメ出し〟をするのとは、まったく正反対のワークです。ダメを出すのは、そりゃ簡単。否定するのは誰にでもできる。ではなくて、その**アイデアのよいところ、可能性のあるところをもっと明確にしてあげる**。アイデアの核心部をハッキリスッキリさせるために、そのアイデアを説明する言葉を他の言葉と置換する、入れ換えてみると巧くいくことがあります。

わたしはこの言葉の入れ換え機能を「**云い換える**」と呼んでいます。アイデアを考えることの基本は書くこと、すなわちいい出すことですが、それに一つ付け加えましょう。アイデア会議のプランナーには「云い換えっぺ」の役も果たしてもらうことになります。「云い出しっぺ」と合わせて一人二役です。

云い換えることで何が変わるのか。具体的に、アイデアスケッチに使われている言葉を、**違う言葉、単語やフレーズに置換**してみます。長いものを短くしたり、その反対だったり。あるいは日本語を英語にしてみたり。似たような概念なんだけれども、言葉を置き換えてみることで、「云い出しっぺ」のプランナーがアタマの中で抱いていたイメージをもう少しハッキリさせてみるワークです。

手元にある**国語辞典**か**類語辞典**を開いてみてください。意味がほぼ同じながら、違う言葉が載っています。国語辞典なら項目の最後に、類語辞典なら横に並んでいます。云い出しっぺのアイデアスケッチに使われている言葉を他の言葉に置き換えてみるのが、ベーシックな云い換え基本技です。

実際のアイデア会議では、プランナーたちが、スケッチを見ながら感じる「近い感覚の言葉／概念」を云い換え候補として、口に出してみることが多いです。

云い換え前：アグレッシブさを感じる

云い換え後：ジャンプするような勢いのある

日本語に限らず言語ってそうなんですが、単語によって微妙なニュアンスの違いがあります。「仲間」「友達」「チームメイト」。要するに、とまとめてしまったら、3つとも同じ説明ができるでしょうけれど、単語を聞いた瞬間にわき起こるイメージはそれぞれちょっとずつ違うはずです。アイデアを云い換えていく時にはその**微差を大事に**したい。アイデアを考えている段階では、1度から2度ぐらいしかなかったはずの角度差であっても、それが最終的な実施企画まで落とし込まれていったころには、大きな開きになっているはずです。

前記の云い換え例をCM企画に当てはめる場合なら、「アグレッシブさ」を出発点にキャスティングしていったCMタレントと、「ジャンプするような」からのそれでは人選がまるで変わってしまうと思いませんか？　わたしだったら「ジャンプするような」からなら、水泳の飛び込み競技選手を起用したらどうだろう？　と一瞬想像（これまた云い換え、ですね）します。

同じ表現が重要な事業経営企画に使われていくとしたらどうなるか。「アグレッシブさ」と「ジャンプする」では、目標として掲げる初年度の年商目標値がまるで違ってくるんじゃないでしょうか？

アグレッシブとジャンプ、どちらの言葉（に代表されるコンセプト）を当てはめた方が、そのアイデアのいいところがハッキリするのか。アイデアスケッチを見た瞬間に感じたいい感じを言葉の云い換えによって確かな感触に磨き上げていくのです。

実は「云い出しっぺ」プランナーも、アイデアスケッチをスラスラっと書いてみた時点で、確固たるイメージが結べていないこともあります。「アグレッシブというか、ジャンプというか……とにかく前向きな感じ」ぐらいでとりあえず「アグレッシブ」と書いている。その**モヤモヤ感をもう少しすっきりさせるのが、云い換える、というワーク**。アイデア会議、特に第1ラウンドの席上で「アグレ

［アイデアを云い換える］

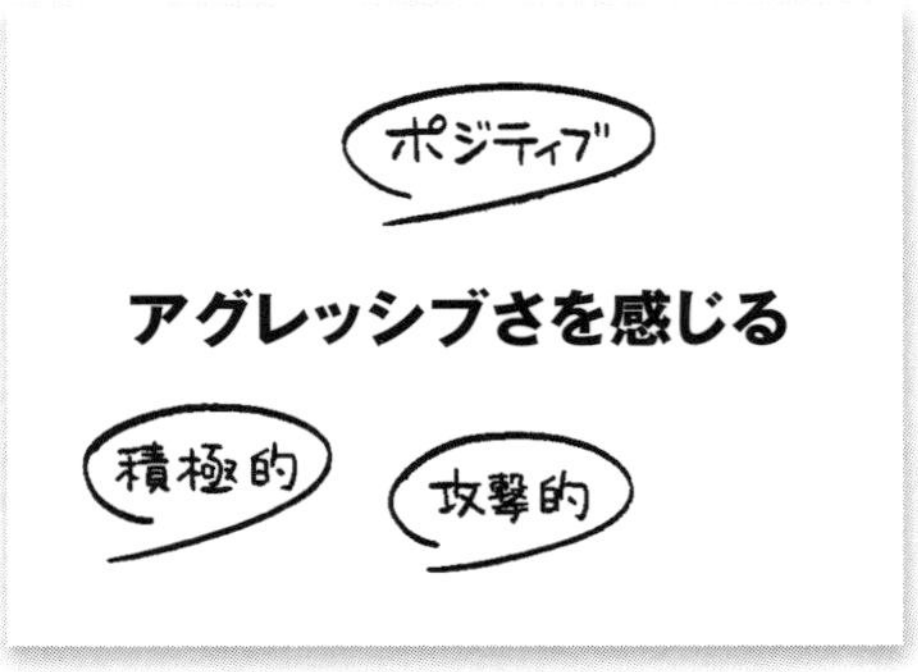


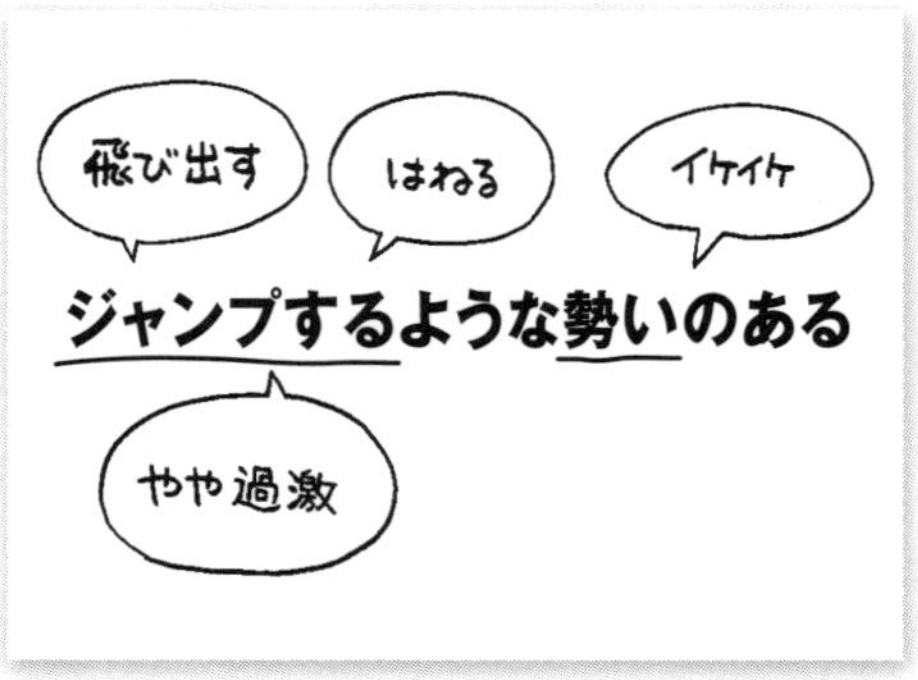


・似たような言葉でもちょっとの違いが大違い！
・アイデアスケッチに書き加えていくのもよい

［云い換えの可能性］

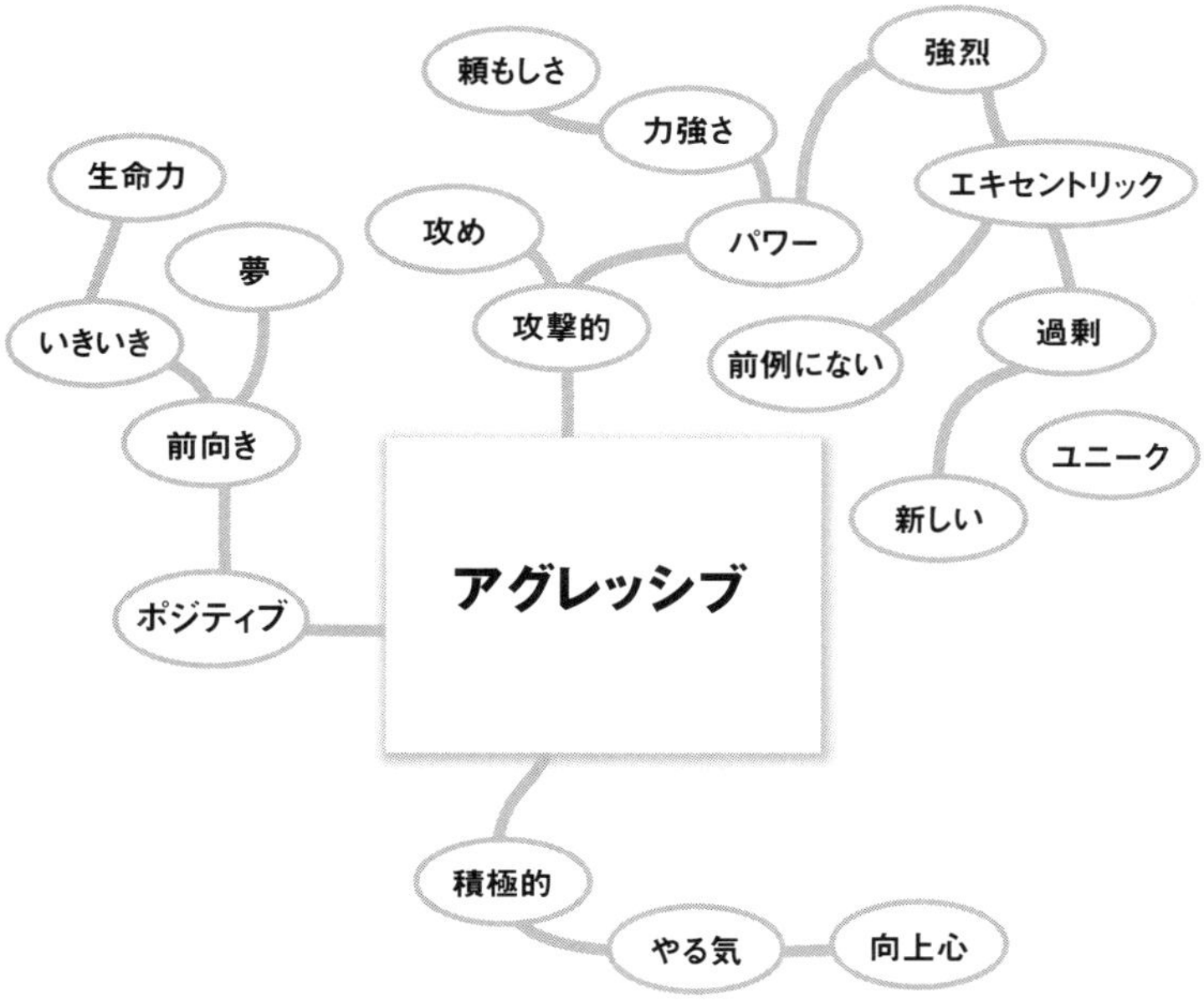


・意味が離れても構わず云い換える
・云い換えてみて初めて気づくことがある！

ッシブ、はダメだ」と切り捨ててしまうのは絶対やってはいけないこと。

「このアイデアがいいたいアグレッシブさ、って例えばこんなことかな?」と他の言葉を使いながら、アイデアの可能性をもっとドンピシャなところへ誘導していくのが「云い換えっぺ」プランナーの役割、と心得てください。

## ■大きな「云い換え」が選択肢を大きく拡げる!

アイデア会議においては、「云い出しっぺ」が出したアイデアの基本コンセプトはそのままに詳細を詰めていく云い換えもあれば、もっと大胆にコンセプトそのものを云い換えてしまうのもアリ、です。

云い換え前：集客用イベントとして、アイドルコンサートをやる!

云い換え後：集客用イベントとして、能舞台をやる!

え、それじゃお客さんが変わっちゃうじゃない？　ぐらいまで云い換えてしまう。判断する＝捨てるのは後ですから、**思いついたら云い換えてみる**。「今さら能？　古い古い」とあしらってしまうのは楽チンですけれど、そうじゃなくて「確かに若い人に古典芸能をぶつけてみるのは面白いかも」「能は退屈だけど、狂言なら行けるんじゃない？」と、最初の云い換えに自分も乗っかって、さらに云い換えてみるのがプランナーの正しい態度。「それ、アイドルもいいけど、日本らしく能舞台はどうですかね？」その一言に必要な時間はたった5秒。**いわないのは損**じゃないか、と思います。

コンセプトそのものを云い換えるなら、こんな方法もあります。

云い換え前：集客用イベントとして、アイドルコンサートをやる！
云い換え後：既存顧客フォローイベントとして、アイドルコンサートをやる！

手法はそのままに、アイデアの目的そのものを、ズラしてみる云い換えです。アイドルコンサートという手法がより効果を発揮するのはどっちなのか、を考え

## [こんな云い換えもある！]

エッセンスをより明確に

イベント → 既存顧客フォロー
イベントとして
アイドルコンサート

大胆に別アイデアへ飛ぶ

アイドルコンサート → 能舞台

る機会を提供していることにもなりますし、ひょっとしたら「集客よりも、顧客後フォローに注力した方が、効果的な戦略なのではないか」というさらに大きなレベルでの可能性を問うていることでもあるのに気づきましたか？　もうすでに戦略自体は固まっていて、戦術を検討する段階でのアイデア会議の場ではやり過ぎかもしれませんが、もっと最初の段階でなら十分検討する余地があるでしょうし、こんな一言で集客にプラスして事後フォローにも配慮する戦略へ、戦略そのものを強化することに寄与することだってありえます。

云い換えることで、ともすれば**見落としていた可能性**に気がついたり、再検討することもできる。複数の人間がチームとして会議に参加することで、こうした「**漏れ」をチェックする**こともできるのです。「いきなり企画会議」ならどうでしょうか。チェック機能ってなかなか働かないと思います。みんなでアイデアに向かい合うことの効能はこんなところにもあるんですね。

興が乗ってきた云い換えのアイデア会議はまさに瞬間的。アッという間に、思いも寄らぬ方向にアイデアが云い換えられ、新しい可能性も生み出しながらピカピカに磨かれていきます。

そして、いろんなレベルと角度からアイデアの云い換えが進むと、当然ながら会議のスタートから比べて、オンザテーブルにあるアイデアの数が増えてきます。これがまさに醍醐味。チームで作業することの愉しさですね。

自分がポンと投げた1枚のアイデアスケッチが、**揉まれ揉まれて、会議前には想像もしていなかったほど輝いてくる**ことってホントにあります。「云い出しっぺ」としては、そこまで考えつかなかった自分を認識することにもなるのでちょっと悔しい、苦い気分にもなるんですが、それよりもアイデアが豊かに変身していくことへの驚きが強い。最初は「これはオレのアイデアなんだ」と思っていて、アイデアへの〝著作権〟を主張したい気持ちもありつつも、アイデア会議を通じてその〝著作権を持っている人〟が個人からチームへと拡大していく、というのでしょうか（ちなみに法律上はアイデアそのものに著作権はないようです。あくまでイメージとして）。もちろん「云い出しっぺ」でありえたことには誇りを感じてしかるべきなんですが、チームでワークすることの有り難さをいつも痛感します。

アイデア会議って音楽アーティストがアルバムを制作している雰囲気に近い。作詞作曲はアーティスト本人が担当していても、編曲次第で原曲の持つ魅力がグンと引き出されたりする。さらには演奏をするメンバーによってさらにその魅力がハッキリする。

プランナーにとってのアイデア会議は、自分の考えた／云い出したアイデアが試される戦いの場でもあるし、チームが一体となって一つのゴールに向かって知恵を出し合っていく場でもある。**自分を鍛えるための絶好の舞台**だ、と思います。

## ■「云い出しっぺ」と「云い換えっぺ」どちらも素敵なアイデアパーソン！

ところで、プランナーには「云い出し」が得意なタイプと「云い換え」にその魅力を発揮する人、がいます。アイデア会議にたくさん持ってくるのが好きなんだけど会議中はあまり発言をしない人と、会議には申し訳程度に数枚、でもアイデア会議が始まると「それだったらさ」「こういうのはどう？」といい感じで、**アイデアを転がしてくれる人**。云い換え……てるだけの人は、なんとなくズルイじゃない？　とも思うんですが、これはどっちがアイデアパーソンとして優秀か、という問題ではなく、**それぞれがアイデアフル**なんだというのがわたしの結論。最初に「云い出しっぺ」から出てくるアイデアスケッチがないと始まりようもないのですが、それをどこまで昇華できるか、もアイデア会議成功の鍵でもあります。また云い換えるのがどうも苦手なんだ、という人も結構いますから面白いものですね。

プロフェッショナルなプランナーとしては、両方の機能をある程度バランスよく持っているべきですが、少なくとも現時点での**得意タイプはどちらかは知っておく**といいです。云い出しと云い換え、自分の得意な方を伸ばすか、それとも不得意な方を改善していくか。一概には決められない問題ですが、個性あるプランナーとして成長していくためには、どちらの方向にせよ、自分を育成していくための自覚があった方が上達へのスピードが速くなるのは間違いないところです。

そしてチーム全体から見れば、「云い出しっぺ」と「云い換えっぺ」は両方揃っていて欲しい。アイデア会議に持ち寄られるアイデアスケッチの枚数と質、そしてアイデア会議中に起こる云い換えの量と質、その双方で高いクオリティが担保されますから。

プランナーとしては、その辺はあまり気にしないで、**自分らしいことを粛々とやる、のが正しいスタンス**だと思います。妙に大人ぶって「このあたりの、王道アイデアも入れておこうか」なんてのはまだ先のことでもいいんじゃないの、と個人的には思います。企画作業はすべからくそうですが、「差し当たりないアイデアに戻す」のは、呆れるほど簡単です。

お金が動くビジネス上の企画にはある程度の安全性、安心感が要求されますから、最終的には収まるところに収まる。企画ってある程度は丸いものなんですよね。アイデアを実現可能な企画に落としていくプロセスは、アイデアが持っていた尖っている部分をいい具合に丸めていくことでもある。だからこそ企画になる前の、純粋にアイデアを考えているこの段階では**あえてアイデアを突飛な方向へ飛ばす、もっと尖らせる**にはどうしたらいいのか、にアタマと時間とを使った方がお得です。それこそが生産的な、創造的な知的ワークです。

第4章

# ディレクターにとってのアイデア会議とは？

考える場を作る、アイデアをもらう、そして自分が決める

アイデア会議がレガッタに出場するボートチーム、プランナーがオールの漕手なら、ディレクターはコックス。オールを漕ぐ選手たちは進行方向とは反対を向いています。ボートがどっちに進むかは、まさにコックスの手腕一つ。

チーム全体の方向性を決めていくのはやっぱりディレクターなんだろう、と強く思っています。

アイデア会議を通じてのチームの引っ張り方、リーダーシップはいくつかやり方があるでしょう。

グイグイ引っ張るタイプに、後から押し上げていくやり方。それはディレクターとしてのＨＯＷ、手法論。まずはＨＯＷの前のＷＨＡＴ、**ディレクターが果たすべき役割や機能**に焦点を当てていきます。

プランナーにはプランナーだけが味わえる喜びがあるように、ディレクターにもその職に就く者だけが享受できる味わいがあります。

それは自分一人だけでは届かないアイデアを手にできること。チームに集まってくれたプランナーたちからアイデアを上手に引き出して、ある意味で**自分の想像を超えるアイデアを探し、それに成功した時の喜び**ですね。

チームとして作業する場合に、最終的な提案をするプレゼンテーターはディレクターが務めることが多いはずです。

やってみると分かるのですが、自分が細かいところまでプランニングしていない提案をプレゼンテーションするのは、意外に大変です。

細部を知っているはずなんですが、どうにも言葉につまったりする。ただリーダー然としているだけではディレクターとしての機能を果たしていることにはなりません。

他の人にアイデア出しを含めていろいろな作業を依頼しつつも、アウトプットの方向性や、その詳細までしっかり把握していなければならない。

リーダーの立場からチームで仕事をしていくことのむずかしさ、でもあるんですが定型の業務を進行させていくのではなく、新しいことを考えるのがチームの役割ですから、そのむずかしさはおそらく倍増。

プランナーのアイデアを尊重しながら、冷静な判断に基づいた自分好みに仕立てていく。これがディレクターという職業の醍醐味です。

# 1

## ディレクターの仕事　その1
## アイデアを出し尽くさせる

### ■まずはチームビルディング＝メンバー選び

ディレクターが最初に手をつけるべきは、やはりメンバー選び。仕事によっては母集団が固定メンバーであることもあるでしょうが、プロジェクトによって構成メンバーを変えることもぜひ検討したいところ。余裕と事情が許せば、社内の他部署に応援を頼んだり、時には社外の人財を引っ張ってくるのもいいですね。とはいえ、〝売れっ子〟はいつでも忙しいものです。いわゆる人タラシ、の能力も必要なのかもしれません。

自分のチームが3人しかいない、という場合でも「今回のメインプランナーは君だ」とメンバー間でのコミットメントの比重を変えてあげるのも技の一つ。大概の場合、企画部門は常に複数のプロジェクトが並行して走っているでしょうから、毎度フルメンバーが全力投球、だと消耗度も激しくなってしまいます。

ジャンルはオールラウンド、堅いのからブッ飛んだのまでアイデアのレベルも自由自在……**そんなスーパープランナー、いません**。各プランナーにはやはり得意と不得意とがあります。現実的には、**メンバー構成がそのままコア・アイデア、ひいては企画の方向性を実質的に決めてしまっている**ことになります。

しかもこの時点で、クライアントから与えられた与件や課題を知っているのはディレクターだけです。そして課題を認識できたら「だいたいこの辺が提案の肝になりそうだな」、と経験値や現状分析からの勘所（あえて落とし所、とはいいません）への予測も働いているはずです。同時にその課題にふさわしいメンバーの顔が思い浮かんでいるでしょうか？　最初が肝心。誰をプランナーとして起用するのか、できる限りの最善を尽くすべきだと思います。

## ■何を考えてもらうか、を考える

メンバーを決めたら、まずはキックオフとなる最初の打ち合わせを招集してください。チームの顔合わせ、の意味もありますが、より大事なのはプランナーへのオリエンテーション。

①これから考えてもらう課題は何か
②その背景
③アイデアの方向性

など、プランナーがアタマを使えるようにするための情報をインプットします。当然ながらここは大事なポイント。**課題がハッキリしていなければ、上がってくるアイデアも支離滅裂**。結果は全滅、です。それを「面白いのが出てこないぞ！」とキレるのは間違い。出題が悪いのです。

**プランナーへのオリエンテーションは「指示」ではなくて、「相談」**。自分で課題も解決方法も分かっていれば、後はそのアイデアを企画として仕上げていくだけ。依頼をする側にハッキリしたアウトプットの輪郭があるなら、自分の代わりにアウトプット作業を代行してもらえば済む話。そのプロセスに必要なのは、作業をしてもらう人に自分のイメージ通り動いてもらうための「指示」です。

「相談」の場合はちょっと違う感触。アウトプットへのなんとなくの想像はあるけれど、まだ確信にはいたってない。だから相手側への期待もある。自分には思いもつかないようなアイデアを出してくれるんじゃないだろうか？「指示」よりも相手側の自発性、個性に依存する割合が大きくなります。

だからこそ「相談」はむずかしい。ぼんやりと期待しているだけではいい答えが出てくるわけもありません。**投げ掛け方次第で返ってくる返事が大きく変わってしまう**からです。

指示と相談との違いを実感できるのは、デート中の恋人たちが交わす会話を思わず耳にしてしまった時。

「もうすぐお昼だけど……△△のハンバーグが食べたいかなあ」

「うん、いいよ」

これは指示のコミュニケーション。相手には一緒に行く、という行為（作業）を期待しています。


「もうすぐお昼だけど、何が食べたい？」

「なんでもいいよ」

と返されてしまうのは、相談の失敗例。相手から「食べたいもの」というアイデアを引き出そうとしていても、**投げ掛け方が漠然すぎるとニブい答えが返ってきてしまう**ことになります（時折「えー、そうなの？　どうしよっか……」「うーんとねえ……」とグルグル悩むのが好きな二人もいますが）。


「お昼……ハンバーグとかスパゲッティとか、洋食系かな？」

「だったらチキンライスの美味しいお店があるよ。知ってる？」

なんて展開になると、相談としてのオリエンテーションがうまくいったかな、と思います。大きな方向性として洋食系、と一応のゴールイメージは提示しつつもストレートにハンバーグもちょっとな、って気持ちに対してチキンライス、しかも未経験の美味しいお店という**魅力的な選択肢を手に入れることができた**わけです。

とはいえ、その新しい選択肢を最終的に採用するかどうかはまた別問題なのは、すでにお分かりでしょう。もっともデートの場合は却下するなんて無粋といわれちゃうかもしれませんから、よく考えてから判断する必要はありますね。

毎回〝戦略的に〟考えながらデートすることはないでしょうが、相手からどうやってアイデアを引き出すか、どんなアイデアを求めるか、そこをコントロール（またはマネジメント）するのは課題を出す側にしかできません。あえて課題をアヤフヤにして「なんでもいい、レベルは問わず」と問い掛けてしまうのは、**相当高度な大技**であることを知っておいてください。プランナー側にすると「**なんでもいいから」っていわれるのが一番いや**なものなんです。

不思議な気もしますが、**ある程度制限をかけた方が、アイデアは爆発します**。

おそらくアイデアを考えることは連想を多用することでもあるので、何か条件が制限されている方が、自分の中にある記憶や知識をたどりやすくなるのかもしれません。

**オリエンテーションA：「3年後の収益基盤を作れるような単行本シリーズ企画のアイデア」**

**オリエンテーションB：「中学生向けの20世紀の偉人・伝記シリーズ企画のアイデア」**

同じシリーズ型の出版企画といってもオリエンテーションAとBとでは、求めるアイデアのレベル、スケール感がかなり違うことになります。オリエンテーションAならば、「ラテンアメリカの女流作家文学全集」とか「立体CGで見せる昆虫大図鑑シリーズ」ぐらいの幅広さ、それなりに自由度のあるアイデアを求めていることになります。オリエンテーションBでは「アインシュタイン」「ジョン・F・ケネディ」「新渡戸稲造」など具体的な人名が上がってくるでしょう。

デートの例でも分かるように、「アイデアの方向性」をどこまで最初から打ち出すか、は微妙な問題。この段階では区別がつきにくいこともありますが、課題設定が「What＝何を考えるか」を提示することだとすると、アイデアの方向性を示すことは「How＝どんなアイデアが当たりなのか」、トーン&マナーに近いところを指示することにもなるからです。

問い掛ける側のディレクターのアタマの中にすでに明確なイメージがある場合は、その**ゴールイメージを強化するためのプランを考えてきてもらう、も正解**。ところが確たるイメージもないまま、口に出してしまうとチーム全体を思いもしない方向へ誘導してしまうリスクもあります。プランナーによっては「あ、そこが欲しいのね」と早合点して〝狙い撃ち〟してきたりしますし、場合によっては「もうそこまで見えているならオレら不要じゃん」でモチベーション下がったり。確かに制限をすることでアイデアの爆発が期待できるのですが、その臨界点を見極めるのも大変ではあります。

また、時としてディレクター自身にも課題が分からないケースがあります。クライアントやトップから「とにかくこの商品が売れるようにしたい」なんてポンと投げられてしまったような場合です。これは困る……んですが、そうもいっていられませんから、まずは「何が課題か」を問い掛けることになります。オリエンテーション自体を考えよう、ということですね。

## ■コア・アイデアを決めるまでのワークデザインをする

集まったプランナーたちへオリエンテーションを投げ掛けると同時に、以降のスケジュールをチームで共有する必要があります。より正確にいえばスケジュールというよりはワークデザイン。プロジェクトマネジメントに近いでしょうか。プレゼンテーションの日程が分かっているなら、準備期間は逆算できます。残された日数は、いつでもそれほど長くはないものです。限定された期間の中で、コアになるアイデアを見つけ出し、企画に仕上げるワークフローが必要です。考えた時間とアイデアの質は必ずしも比例しませんが、プランナーにも必要十分な、考える時間をあげなければなりません。煮詰まってきたら連日のアイデア会議大会、となることもあるでしょうが、最初から今日の明日ね、もさすがに厳しいです。

以上を踏まえた上で、ディレクターはこのメンバーでワークをするなら、どのタイミングまでにコア・アイデアが決められそうか、そしてそのためにアイデア会議（特に第1ラウンド）を何回開く必要がありそうか、を予想することになります。

2〜3日先か、来週か。思い切って10日ぐらい置くか。大抵の場合、一度でバシッと決まるとはちょっと考えにくいですから、2回は集まることを想定して、次の打ち合わせ、すなわちアイデア会議の第1ラウンドを行う日時をチームメンバーと相談しながら決めることになるでしょう。

## 2 アイデア会議 第1ラウンドをどう導くか？

### ■集まってきたアイデアを［云い出しっぺ］から切り離す

いよいよアイデア会議第1ラウンド当日です。どんなアイデアが出てくるのか。ディレクターとしては期待と不安とがないまぜな気持ち。そのドキドキ感はみんな一緒でしょうね。テーブルを囲んで座ったプランナーの面々も自信がありそうだったり、下向きがちだったり。

さて、じゃあ始めようか、とディレクターが口火を切ってください。まずはゴールデンルールその1「持ち寄る」に沿って、各自が考えてきてくれた**アイデア**

**のご披露大会**です。順序や進行について特に決まりはありませんからディレクターのお好みで、となりますが、一般的にはプランナーの誰かが「では……」と始めてくれるでしょうか。

個人的には「自信のない者が先に」になることが多いような気がします。プランナーが持ち寄ってくれたアイデアスケッチ。参加者が10名近ければ人数分のコピーがあってもいいですが、集まった人数が5名ぐらいで少なければ、アイデアスケッチをそのまま机上に提示しながら、それぞれのアイデアの概略を説明します。席を立つ必要はないでしょう。ディレクターに対して説明するプランナーとアイデアスケッチを他のメンバーものぞき込むようにしながら、目と耳とで説明を追いかけます。持参した各案をどの順番で説明するかはプランナーに任せましょう。一番のお勧め案を先に持ってくるタイプ、最後まで取っておくタイプ。いろいろいます。それから15枚ぐらいのスケッチが手元にあっても、8～9枚しか見せてくれないプランナーもいるかもしれません。書いてはきたもののやっぱり自信がないのか、意識的な後出し狙いか。その真意は分かりませんが、そっとしておくのがいいですね。

云い換えられる前の〝むき出し〟なアイデアスケッチはまだ言葉が足りない、または真のイメージとはズレた言葉で書かれていたりするものですが、口頭の説明でそこはフォローしてもらいつつ。各アイデアへの質問は後でまとめるか、その都度かはご判断。

アイデアによっては「ふーむ」と感心したり、「バカバカしい！」と笑いが起こったり。**大事なのはまだ批判も批評もしない**こと。基本的には黙って聞くのがディレクターのお作法です。

アイデアが出揃ったら、**すべてのアイデアスケッチを机の上**に。アイデア会議ゴールデンルール２に則《のっと》って、**発言と発言者をさっさと切り離して**しまいましょう。並べてみたら、**まずは眺める**。アイデアスケッチがずらりとひしめき合っているのは素敵な壮観。もう考えなくてもいいんじゃないだろうか、と一瞬誤解するほどです。ま、これからが本番なんですが……。

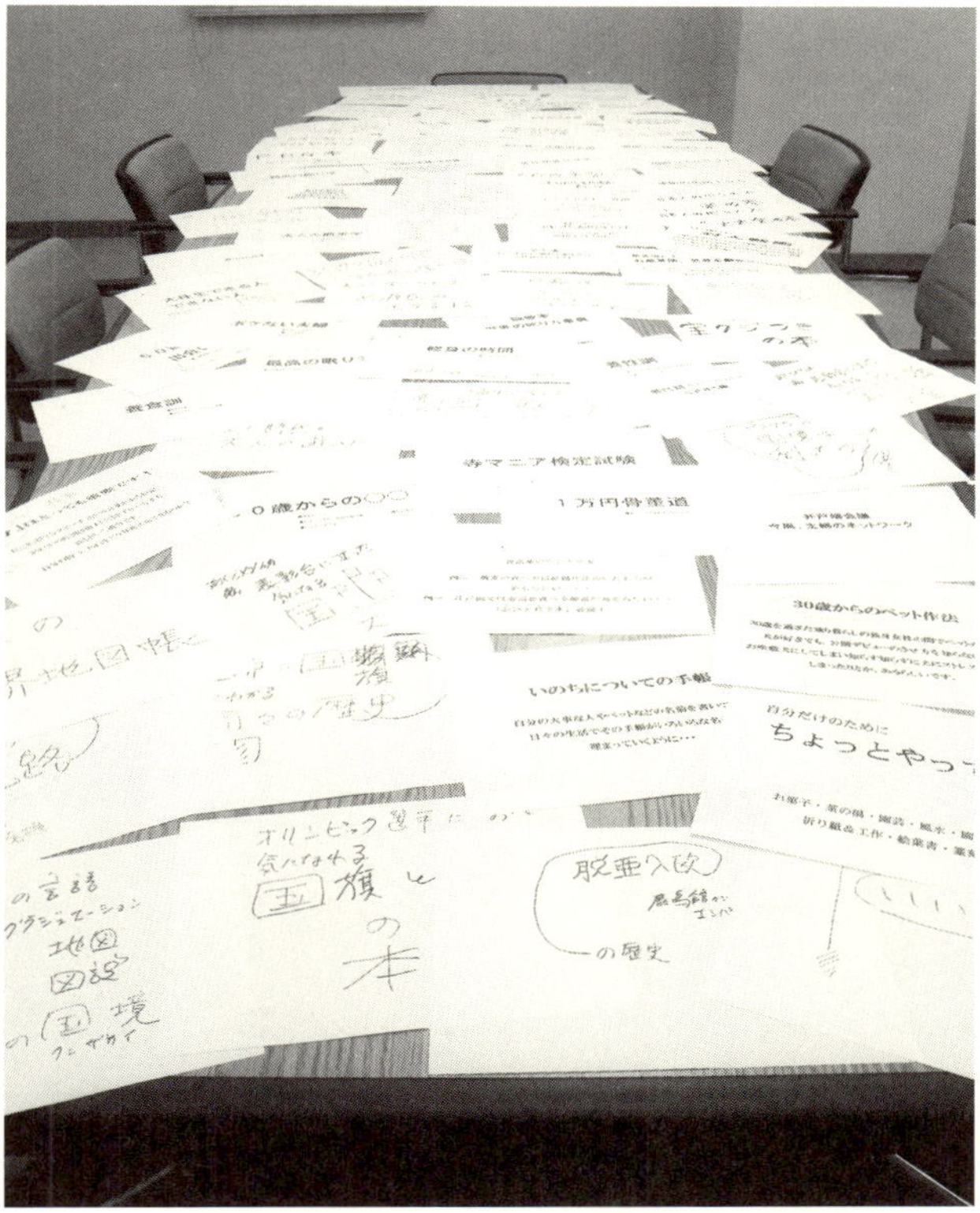


・アイデアはスケッチにして発表者と切り離す

## ■整理をしながら、云い換える

出てきたアイデアスケッチの中には、同じような路線を狙っているもの、同じアイテムを使っているものなど、似ているアイデアもあるでしょう。最初にプランナーが説明していた各アイデアの要点を確認しながら、**物理的にスケッチをぐいと動かして整理していきます**。ＫＪ法をやったことのある人には分かりますね。きちんと揃えて並べる必要なんかありません。分析をやっているわけじゃありませんから。見えやすいように、**適当に寄せておく程度**です。

整理の観点はいろんな可能性があると思いますが

・似ているアイデアは寄せる
・補強関係（プラスするとアイデアが強くなる）がありそうだったら隣り合わせにする
・何となくポジティブな意味で「引っ掛かり」を感じるものは、目の届きやすい中心近くに置く手がかりはそんなところでしょう。アイデアが紙になっていることのメリットがここでも発揮されます。アイデアスケッチが1枚1案になっているからこそ移動が自由になるので、似たようなものもすぐに重ねることができます。他のアイデアと補強し合う関係が見つかったら、近くに置いてみることがすぐにできて、また見て確認できる。これは本当に便利です。人間が短期的に暗記できるのは7プラスマイナス1程度だ、といわれています。アイデア会議第1ラウンドでのアイデアの総数は少なくとも2桁にはなるでしょうから、まず覚えるのは無理。

ディレクター「さっき動物が出てくるアイデアなかったっけ？」
プランナー「えーと……あ、これっスよ」
こっちの方が断然楽チンです。

整理をしつつ、アイデアスケッチをあちこちに動かしているうちに、ディレクターである自分を含めて、場に集まったメンバーのアンテナに感度を感じるアイデアスケッチが出てきます。もう少し詳しくアイデアのイメージを聞いてみたくなったり、いいたいことのニュアンスは分かるけど、スケッチに書いてある単語はまだピンと来ないな、とか。

それがアイデア会議第1ラウンドの本格ゴングが鳴った瞬間。お待ちかねの「云い換え」タイムです。

**ディレクター**（アイデアスケッチ『1人3分でわかる　あの人の生き方早わかり偉人伝』を見て）

「このアイデアさ、例えばどんな感じになるのかな？」

**プランナーA（云い出しっぺ）**

「なんか伝記とか偉人伝とかだと、子どもの頃とかのエピソードが多いじゃないですか。そういう具体的な話もいいんだけど、もうズバリとその人の人生観みたいなのがわかった方がいいかな、と」

**ディレクター**　「なるほどな……エピソードより人生観ね。だと名言集に近いのかな?」

**↓まだ批評しない。プランナーからもっと情報を引き出したいところ。**

**プランナーA**　「それだと自伝っぽいですよね。どっちかな……」

**プランナーB**　**(云い換えっぺ)**「自伝がハマる人と、他の人が書いた方がいいパターンもありますよね」

**ディレクター**　「例えば?」

↓偉人、のイメージを**云い換えて**もらおうとしている。

**プランナーC**　**(云い換えっぺ)**

「自伝といえばフランクリンに福澤諭吉ですけど、宇宙飛行士とかは？」

**プランナーA（云い出しっぺ↓すでに云い換えっぺになっている）**「なんか本人の言葉聞いてみたいっすね、確かに。ノーベル賞の○○さん、とか」

**プランナーC（云い換えっぺ）**「何となくだけど、自分で本を書いてない人だといいかもね」

↓確信不要。どんどん云い換える。

**ディレクター**「偉人、のレベルっていうか、どこから偉人なんだろうな」

↓同じアイデアを別角度から云い換えてもらおうとしての質問。

**プランナーB**「たしかに。20世紀以降だと年表に載っている人、てこともないですもんね……。

どこかの研究所とかでそういうの調べてないの？」

**プランナーA**　「アメリカだと『Life』とか『Newsweek』で、MVPみたいなの、出してますよね」

↓メディアの名前や賞の正式名称がわからなくても云い換える。

**プランナーB**　「偉人といわないで、『Newsweek』MVPの生き様本、てのもあるかもね」

↓ここまで云い換えると別アイデアに発展。

**ディレクター**　「お、それ今すぐに書いといて」

↓新しいアイデアは忘れないうちにアイデアスケッチ化してしまうのもコツ！

ディレクターが気になったところをキッカケにして、プランナー総出でアレコレと云い換えてみる。そのアイデアが持つ可能性を掘り下げていく流れもあるし、そこからジャンプしてまた新しいアイデアが出てくることもある。批評や評価は一切せずに、ただただ云い換えてみることでアイデアを転がしていく、の感覚です。

アイデア会議第1ラウンドでは、時間の許す限り気になるアイデアスケッチについて話をしながら、云い換えていきます。云い換えていく過程は、比較的**単線的で、連想ゲーム的につながっていく系**のものと、**2つ以上の気になるアイテムを含んでいて、分派していく系**のものとが出てきます。

**「いのちについての手帳」**

・自分の大事な人やペットなどの名前を書いていく本
・日々の生活でその手帳がいろいろな名前で埋まっていく……
・日記と同じく1冊2冊と自分で増やしていくシリーズ企画

というアイデアスケッチがあったとしたら、こんな方向での云い換えが考えられるでしょう。

**云い換えの展開方向Ａ　いのち系**

「改めて日本人のルーツを探るシリーズ」
「自分にとって大切なものを記録する」
「□□□山の高僧他が語る〝いのち〟」

**云い換えの展開方向Ｂ　手帳系**

「手帳文庫」
「手帳に差し込めるミニサイズの本」
「日本全国寺社仏閣手帳」

云い換える展開が、方向Ａは**アイデアの中身から派生**しているのに比べて、方向Ｂは**手帳という物的要素が云い換えの起点**になっています。その先も手帳のサイズがキーになっている新アイデアもあれば、手帳の中身にまた戻っていくようなアイデアも。アイデア会議第1ラウンドは、オールアイデア、ウェルカムですからどれもよい感じです。ディレクターとしては、まだまだアイデアが欲しいでしょうから、プランナーからの発言を誘発できるように、です。

ある一つのアイデアスケッチを起点とした云い換えのスピードが落ちてきたり、詰まってきたと感じたら、ディレクターの差配で次のアイデアへ。皆の関心度が高いアイデアにはじっくり時間をかけながら、寄せ集まったアイデアをぐるりと一周。せっかく寄せられたのに、その芽を出せないでいるアイデアはないか、くまなくチェックしてみてください。

## ■悪い筋のアイデアは徐々に捨てる

わいわいといい雰囲気で云い換えが進んでいく中で、どうにも引っ掛かりがないアイデアの筋、も見えてくるはずです。「まあ、こりゃ明らかにないな」あるいは「今回のお題とは完全に筋違いだな」ってアイデアですね。頃合いを見つつ、ですが、筋の悪いアイデアは云い換えの机の上から退場させます。予選時点での足切りです。

ただ、いつ何時復活するかもしれません。その可能性を完全に捨ててしまいたくはないので破ることはしないでください。とりあえず裏返したり、束ねたり。視界からは外すぐらいでＯＫだと思います。

プランナーの立場からは、自分のアイデアスケッチがひっくり返されるのはやっぱり屈辱です。自分でも「まあ枚数稼ぎで出しただけさ」と割り切っていられるものは別ですが、自分としては結構自信があったものまで裏になると、正直むかつきます。でもそれも仕方ないこと。臥薪嘗胆《がしんしょうたん》。次回、また頑張るだけです。

## ■第1ラウンドを繰り返すか？ を判断する

悪い筋のアイデアを見切り、気になるアイデアがさまざまに展開され尽くした感が出てきたでしょうか？ だとしたらアイデア会議第１ラウンドも終盤です。

終盤にさしかかった段階で、ディレクターは大きな判断をする必要があります。それは「このまま第2ラウンドへ入れるか」「それとも改めて第1ラウンドを繰り返すか」の分岐点。

第2ラウンドは収束ラウンド、自分たちのチームのコア・アイデアを選ぶ段階ですから、前に進むのなら、現状オンザテーブルにあるアイデア（コア・アイデアへの選択肢）が、ディレクターとしてのOKラインにたどり着いていることになります。

しかしまだちょっと……と思うのなら、再度第1ラウンドのやり直しです。2時間近く云い換えを続けてもなお、しっくり来るアイデアが足りないのであれば、やり直した方がいい。おそらくそのままラウンドを続けても、結果は変わらないでしょう。改めて仕切り直しで、プランナーには再びアイデアを持ち寄ってもらうべきです。

大抵の場合、1回のラウンドで合格ラインまで達しているコア・アイデアにいくつもたどり着く方がむずかしいかもしれません。1回やって一つだけは何とか、ぐらいが平均点なんじゃないでしょうか。

ということはかなりの確率で再ラウンドになるわけです。**次回に向けては改めて**ディレクターからプランナーに向けて「**何を考えて欲しいか**」をオリエンテーションすることが必要です。

再オリエンテーションでは、前回に比べてもっと的を絞った指示を出すべきです。アイデアの不足ポイントは、第1回目の第1ラウンドの裏返しになります。

①面的な不足＝アイデアが出なかった／数が足りなかったジャンルに絞って考えてもらう

②質的な不足＝ジャンルはいいが、ヒネリが足りない部分を深く考えてもらう

先程からの単行本企画へのアイデアでいうなら

①「文芸系、小説とか評論といった分野のアイデアが少ない」

②「MVPもので、若い人たちが世代を超えて読み継ぐようなものはないか？」

という再オリエンテーションになるでしょう。

プランナーが複数名参加している場合は、人によって①と②とを分担してもらったり、①をさらに細分化してそれぞれに振ることもできます。もちろん全員で同じことを考えることも。

また、この段階ではディレクターのイメージをもっと強く伝えてもいいと思います。プランナーに対して制限をかけることによって、自分が期待するイメージにそったアイデアを求めるやり方ですね。

「高齢者が続けて買いたくなるものがいい」
「学校の図書館に必ず置いてあるようなシリーズ企画」
「M社の××シリーズのライバル、と呼ばれるような感じ」
「軽い本、のイメージ。使う紙が軽い。内容そのものは重くてもOK」

などなど。

いずれにしても、コア・アイデアへチーム全体として近づくために、さらにアイデアを求めていきます。

「**どの辺が足りないのか**」そして「**自分が目指しているイメージと現状との間にどのくらい距離があるのか**」がディレクターに感覚として見えていると、ゴールはもうすぐ。企画をまとめなければならない残り日数と、プランナーのモチベーションキープにも気を配りながら、アイデア会議を乗りきっていく道が確かになっていきます。

ディレクターがプランナーに対して宿題を出し、次回集合する日程を確認したところで散会、にしましょう。最後に参考資料として今日のラウンドで**出てきたアイデアスケッチを一式コピーしてプランナーたちに渡す**のもいいと思います。

アイデア会議は全員が積極的にコミットメントし、発言をして、他人の意見を傾聴し、次なるアイデアへつなげることで成り立っているミーティングですから、特に書記係を置いたりはしません（そんな余剰人員がもしいたら、すぐにプランナーにするべきです）。そのため議事録はほとんど存在しません。もしホワイトボードを使っていたなら、その画面のプリントアウトぐらい。それも一緒にコピーを渡してください。プランナーが少しでも発想しやすくなる環境を作ってあげることはディレクターの仕事の一つですから。

## 3

## ディレクターの仕事　その2
## 企画の核となるアイデアを「決める」

### ■第1ラウンドから第2ラウンドへ

数日後、再びアイデア会議第1ラウンド。前回の最後に考えるべきポイントはかなり絞ってオリエンテーションをしておきましたから、今回は一気に第2ラウンドまで、の意気込みです。

全員が揃うまでの時間を利用して、前回のラウンドですでに「当確」となったアイデアや、まだ〝生き残っている〟アイデアは机の上に並べておきます。

スタートは今回も同じです。プランナーが持ち寄ってくれたアイデアを一つずつ話を聞きながら机上へ展開し、気になるスケッチをベースにどんどん云い換えていきます。自分が欲しい、と思っていた方向性のアイデアはちゃんと出てきているでしょうか?

第1ラウンドも2回目ぐらいからは、ディレクターがもっと強めにリーダーシップを発揮していってもいいでしょう。プランナーが云い換えるのを待つだけではなく、自分自身も積極的に云い換えに参加することで、**アイデア磨きのスピードをアップ**させていく。行き過ぎのあまりディレクターばかりが発言する独壇場、になってしまうのはNGですが。

**プランナーB** 「図書館に置ける、ということで学校の中に本とリンクする〝入り口〟があるようなのがいいと思って。『西洋音楽史の巨人、音楽と生涯シリーズ』なんてのはどうでしょうか、と」

**プランナーA** 「音楽と、ってことはCDがついてるんですか?」

↓本+CD。パッケージの原形が見える。

**プランナーB**「そう、音楽は聴かないとね」

**プランナーC**「有名どころが演奏ですかね。海外の大物さんとか」

↓イメージが具体的になっていく。

**プランナーA**「大抵の音源ならもう録音済みですもんね。版権と予算がクリアできればＯＫか」

↓おそらく「1冊にＣＤ1枚」ぐらいでまとまりそうな流れを……。

**ディレクター**「もうちょっと膨らまそう。ＣＤの枚数増やして同じ交響曲で指揮者の違いが聞けるようにしようよ」

↓**云い換えに積極的に参加**。自分のアイデアもぶつけてみる。

**プランナーB**「そうか……最初は最近流行りのサワリだけＣＤぐらいのイメー

ジだったけど……。このシリーズだけで中学校なら十分です、ぐらい行くか。指揮者が振っている表情が見えるＤＶＤもあるかな？」

**ディレクター**「おう。そこまでパッケージ化できたら団塊世代なんかも狙えるんじゃないか？」

**→コア・アイデアまで行けたな**、という実感。よし、次行こう！

このあたりまでアイデアをハッキリさせていくのがアイデアを磨く、ということ。かなり明確なイメージが共有できますよね？　ただ、まだアイデアに過ぎなくて、企画にはなっていないことも確かです。シリーズの巻数も出ていませんし、誰を採り上げるかのラインナップもリストまで落とされていません。誰が書くのかも未定。ＣＤまたはＤＶＤにしてもボリュームも不明……。この段階ではまだ「企画」には落ちていないです。それでも**聞いただけで**、**イメージができる**。**ただのアイデアとコア・アイデアとの違い**がお分かりいただけますでしょうか？

ここまでたどり着ければ、あとは現場を知るスタッフがたちどころにコア・アイデア入りの「いい企画」に仕上げてくれるでしょう。

云い出し、から云い換え。こんなやり取りを繰り返して、「これは行ける」と思えるコア・アイデアをできる限りたくさん作っていきたいのです。


チームは生き物のようなもので、ディレクション次第で、どこにでも行けてしまう不思議さがあります。例えばプランナーがまったく同じメンツであってもディレクターが違えば結論も違うでしょう。さほどにディレクターが及ぼす影響は大きい。チームのパフォーマンスを比較したなら、ダメディレクターと超・優秀プランナーよりも優秀なディレクターと平凡なプランナーの組み合わせの方がアイデアのアベレージは高いんじゃないでしょうか？　そのあたりはスポーツと似ています。監督次第で、チームが死んでしまったり、生まれ変わったりする。脅かすわけではないですが、それだけ責任ある仕事なんだということですね。

とするなら、経験もない人がやってきていきなりディレクター、って怖いです、本当は。いろんな経験を積んだ人だけがディレクターを張れる資格があるのではないでしょうか?

## ■「コア・アイデア」の条件は?

アイデアを云い換えながら鍛え上げていく過程での疑問は、どこまで磨けばいいのだろうか? どこで見切るべきなのだろうか? ということに尽きるでしょう。コア・アイデアかそうでないかの線引きは、誰にも正解が分からない、ルールがない領域です。とはいえ、人間の直感はバカにできない鋭さがあります。「これは違うな」というのはだいたい分かる。それから抜群にいいアイデア、これも「間違いない!」と分かる。だけれども、そんなストレートな豪速球にはなかなか出会えません。大概は「**これは行けるかも……?**」**レベルのアイデアを育てていって、ラインを越えさせるまで**ディレクターとプランナーが面倒を見ることになります。

また、これは行けそうだな……という合格ラインを越えたアイデアが4つか5つあって、チームの評価も割れる大接戦。さてどの案で行こうかと嬉しいぜいたくな悩みに直面することもあるでしょう（めったに来ないんですが……）。

とにかく、どのアイデアをコア・アイデアまで引っぱり上げ、さらに企画として仕上げるか。その判断こそがディレクター一番の仕事なのです。

では「いいアイデア」とは一体全体何なのか？　点数をつけて評価することはできませんが、**それぞれのアイデアの持つ個性を、ポジショニングしてあげること**で、ある程度の判断は可能になると思っています。

面白い＝笑える、だけではないと思いますね。それよりも **interesting＝興味／注目／好奇心を引きつける**、の意味も含んでいると考えた方が近いです。ガハハ、と声を上げて笑ってしまうアイデアから、クスっと隠れ笑い、あるいは、ふんふんなるほどと納得する、次はどうなるのと引き込まれる、そしてやられた……と思わず唸ってしまうようなアイデア。面白いアイデアであるかどうかは、コア・アイデアの条件だといえると思います。

面白い、に近くてビジネス上の企画で重視される「新しい」という価値感もあります。「それってどこが新しいの？」とはよく聞かれる質問です。

ただ、わたし個人としては、新しいかどうかに必要以上にこだわることはないんじゃないかと思っています。

「**新しい**」、**と**「**効果がある**」**を混同しない**ようにしたい。目新しさだけでは目を引くかもしれませんが与えられた課題の最終ゴールをクリアできるかどうかは別問題です。

そしてアイデアを評価するもう一つの軸が「**筋がいいかどうか**」の軸。

アイデア評価軸としての「筋」にはいくつかの意味があります。まず1番目の「筋」としては、いたってシンプルにクライアントや自社など企画の依頼元が抱えている問題課題をそのアイデアで解決できるかどうか。当たり前のベースとなる判断基準ですね。これを満たしていないアイデアは、逆立ちしたって通るわけありません。

そして2番目の「筋」は、依頼元の文化、風土とマッチしているかどうか。これは意外に高いハードルになります。「面白いんだけど、ウチにはちょっとねえ……」ってヤツです。多いですよね。あえて筋違いの案をぶつける作戦はありますが、やり過ぎると「分かってない！」と怒られたりして。

特に最近は業種や商品の規模にかかわらず、ブランドを大事にされるクライアントが増えてきています。ブランドとは、立ち上げて定着するまではともかく、それ以降は基本的には継承するもので、維持していくもの。大胆に変えましょう、とはなかなか提案しにくい。とはいいながら古い慣習に固執していると、またお客さまから置いていかれる……非常に悩ましいところでもあります。

先方の文化との折り合いをどこに持っていくか。この見極めはクライアント情報が少ないプランナーには無理でしょうから、ディレクターとしてはじっくり考えないといけません。

3番目の「筋」は、**社会との調和性**。依頼元が企業（組織）であれ、個人であれ、すべからく社会的な存在です。過剰に自己中心的な企画は、実行しても必ずそっぽを向かれます。クライアントファーストに集中するあまり、唯我独尊に行き過ぎるのは禁物です。環境問題なんて知りません関係ありません、ではもはや通らない時代。しかし、時として周辺が見えないでいる依頼元がいるかもしれません。提案する側の責任の一つとして、そこは配慮してあげたい、と思います。

というわけで「面白さ」と「筋のよさ」それぞれの良し悪しで、アイデアは4つの象限に分かれます（163ページ）。アイデア会議で磨かれた「よさそうなアイデア」を、この4象限のどこかに分類してみましょう。

第1象限＝面白くて、筋がいい＝当選確実

第3象限＝面白くないし、筋も悪い＝落選

ここまでは異論がないところですが、次が判断に迷うところ。

第2象限＝面白いけど、筋が悪い

［アイデアを判断する2つの軸］

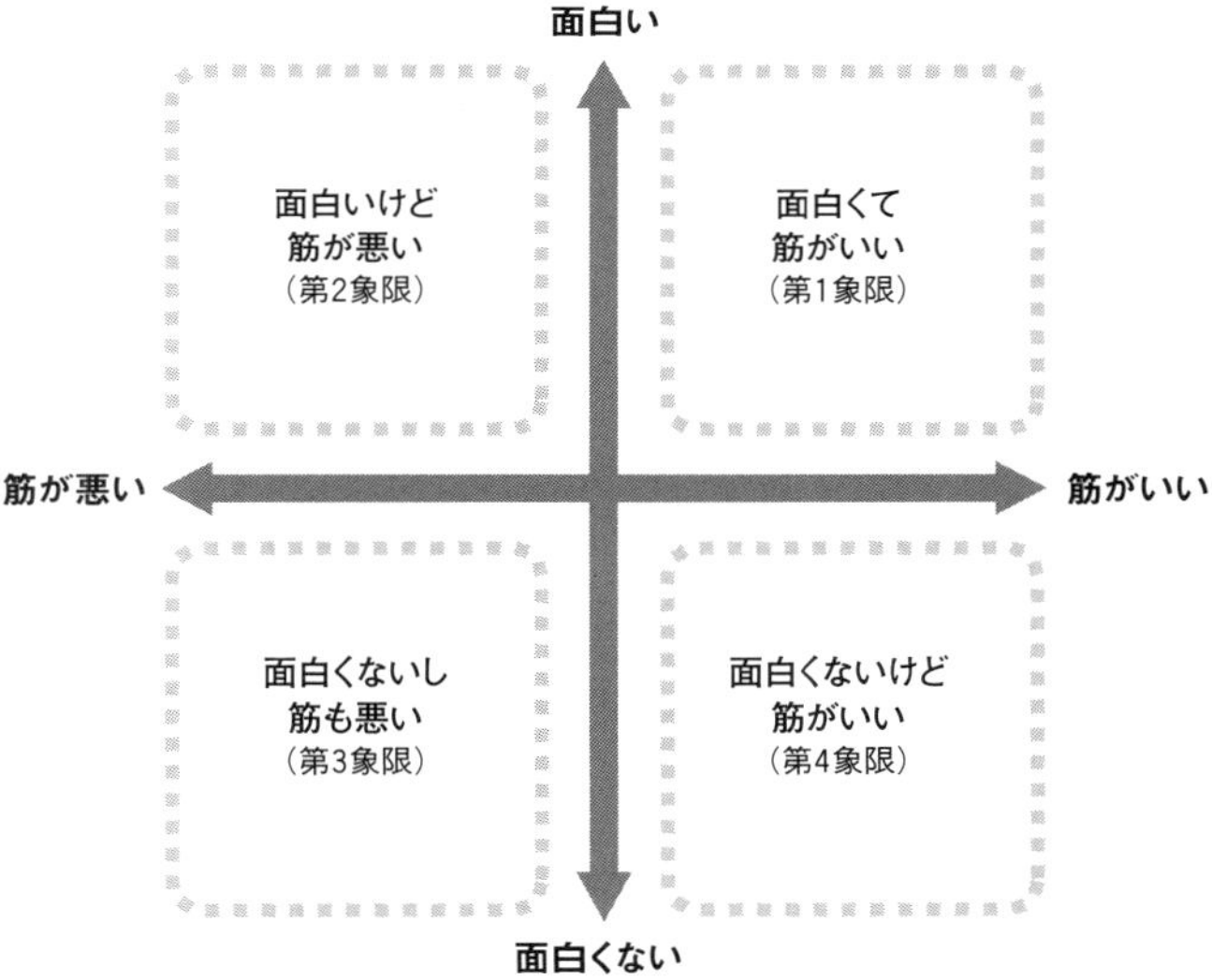


・悩ましいのは第2象限と第4象限

## 第4象限＝面白くないけど、筋がいい

まずは**アイデアの構成要素のどこかをさらに云い換えて磨くことで第1象限に昇格させられないか、と考える**べきでしょう。アイデアの領域については、確実なことがいえないのが癪ですが、個人的には「第2象限＝面白いけど、筋が悪い」の方が見込みがあると思っています。

筋、って補強や調整がつきやすいのですが、面白さはイカンともしがたいことが多い。まさにアイデアの原石部分だからですね。苦し紛れのイイトコドリを指向して、あっちの案とこっちの案を無理やりにくっつけてみたりと変に加工しすぎてしまっても本末転倒です。

「面白さ」と「筋のよさ」、は相反していることもよくあります。筋を通すと面白さがなくなってしまうケース。どの辺まで行けるか？　をどこまで見切れるか、ですね。

反対に、面白くなくても筋がよいもので合格ラインを突破することも可能です。

そもそもお題からして面白さがそれほど求められていない時。それから提案先の文化として謹厳実直、笑いは不要です、の場合など。提案する側の意気込みとは関係なく、いたって普通の企画で十二分なケースも多いでしょう。

今回は企画を3つ出そう、ということで比較的余裕があるなら堅いのから柔らかいのまで取り揃えていこうよ、で済むんですが、「ベストの案を一つだけ持ってこい」なんていわれてしまっていると、本当に迷います。

とはいいながら、**ディレクターの直感はかなり正しい**、と思います。数値では測定できなくてもディレクターが各種の知識と状況とを冷静に判断することができれば、課題に対するアイデアの適性度が分かってくるものです。気をつけたいのが判断するにあたり、自分の好き嫌いは後回しにして最初に適性度が来るべきだ、というぐらい。好き嫌いもあっていい。**アイデアはいたって個人的な性格から完全に離れることはできません**し、企画を実施する段になったら、クライアントもスタッフも好きで夢中になれるプランの方がいい結果を生みます。無理に中性を装わなくてもよいのではないでしょうか?

さて、ディレクターとしては「面白さ」と「筋のよさ」、どっちを重視するべきなのか？　これこそがディレクターとしての個性を体現する基準になるでしょう。面白さがウリの人、派手さはなくても安定性のある人。その人らしさ、もっといえばディレクターのブランド価値です。

世の中的には両方いないと困りますから、どっちもあり。両方柔軟に使い分けられる人がベストですよね、ともいいきれない。プランナーの章でもお伝えしましたが、ディレクターだって個性が必要。個性＝ブランドが不明瞭な人は、お声がかからなくなってしまいます。

とはいいながら、会社での立場もあって……がまた悩ましい。これ、永遠の課題なんでしょうね……。

## 4 コア・アイデアは企画に整えていく

厳密にはアイデア会議の範疇からは離れてしまいますが、コア・アイデアが決まった後のプロセスについても少しだけ触れておきます。

アイデア会議のラウンドを通じてプランナーに鍛え抜かれ、そしてディレクターに選ばれたコア・アイデアは、当初のアイデアスケッチに載せられた頃とは違って、ある程度の具体的なイメージを持ち、一筋の芯が通っていることでしょう。とはいえ、それはまだアイデアのレベル。実際のビジネスなどの現場にそのまま持ち込めるだけの精度は持ち合わせていません。現時点ではいまだ「仲間うちでの共有物」にしか過ぎないのです。

コア・アイデアを決めたディレクターの次の仕事は、それらのコア・アイデアをしっかりとした「企画」へと落とし込んでいくための作業を指示することです。

「アイデアがちゃんと入っている企画」として満たすべき必要条件は、**実施にあたって要求される仕様をクリアしていること**。そして企画が**理解可能な形に整理され、説明できるようになっているかどうか**。

企画の仕様とは、準備期間を含めた実施期間はどのくらいか、その企画が実施可能な場所はどこか、そもそもの目的はどの程度達成できるのか……などの要素。いわゆる5W1Hとか5W2Hと呼ばれている要素の詰め。端的にいえば「**概算見積もりが作れる**」状態です。

これによって企画を実施した時のスケール感、インパクトの大きさ、準備や調整の大変さ、そして成功した時の効果および失敗のリスクが提案側と提案される側の共通認識として把握できるようにしてください。

こうした作業は裏取り、許可取り、調整、試算……といった作業の積み重ね。より現実に近づくことになりますから、プランナーに加えて営業部隊などからの応援も必要でしょう。

アイデアを企画化していく作業の過程においてディレクターが気をつけなければいけないのは、せっかくのコア・アイデアが丸まりすぎてしまうこと。概して企画化の作業は、尖ったものを丸くすることになります。

アイデアはある意味で理想追求型ですから、現実の規格にあわないことが多々あります。広告を作る場合でも、提案前の段階ですでに予算的に海外ロケは無理だ、とかイメージしている映像をコンピュータグラフィックスを駆使してやろうとすると時間がかかって間に合わない、とか。

どんなケースでも、**アイデアをそのまま企画にすることはできません**。どこかで何らかの妥協点は出てきます。……と、ここが考えどころ、判断のしどころ。限られた予算や時間など出てくる制約を前に、どの要素を優先させて、どこを捨てるのか。それを判断するのもディレクターになります。

判断の基準は、**コア・アイデアの個性を失わないで企画にまとめられるか**。判断するにあたっては、これまでディレクターが業務上積み重ねてきた経験がものをいいます。「この演出、コンピュータグラフィックスが使えなくても、撮影で大丈夫、キレイな映像が作れるぞ」など。どこまでなら譲歩できるのかの境界線を持っているのがディレクターです。

企画とは「まだ誰も観たことのない商品」。**夢想ではなく、確かな裏打ちのある想像力**なくして、まとめることはできないのです。

コア・アイデアが企画になれば、それは「企画書」「プレゼンテーション」という形で提案相手へ説明することができるように仕上がります。企画書の書き方やプレゼンテーションの手法については、いろんな方法がありますし、お好みもあるのでここでは割愛。大事なのは「**企画のどこにアイデアがあるのか**」**がハッキリ分かればそれでいい**と思います。

これまでサンプルとして書いてきたシリーズ出版の例でいえばこんな感じでしょうか。

「中学生のための新・西洋音楽史大全
――マンガと名指揮者の演奏で知るクラシックの巨人たち――」（仮題）

■概要（目的）

豊かな感性が育つ、多感な中学生の時期に「本物の音楽」を知識としてだけではなく、臨場感ある体験として学んで欲しい。本当の文化に触れた若者の育成を目指す、授業としての音楽に留まらない人格形成に寄与する「実感型音楽教材」。

18世紀から20世紀にかけて活躍したクラシック巨匠作曲家の「人生と楽曲」をセットにした内容。クラシック音楽芸術が分かる、かつ感じられるアートとして体験できるＤＶＤ付の伝記マンガシリーズ。

伝記部分には、中学生に人気のマンガ家（＋原作者）を起用。クラシック音楽に付き物の「敷居の高さ」を解消。作曲家の人間らしさを軸に楽曲との意味付けを行い、理解を深める。

ＤＶＤには、当代の人気指揮者と著名オーケストラによるライブ演奏を収録。聴覚＋視覚で、クラシック芸術の持つ迫力や表現力の魅力、そして観客との一体感を伝えることで、「もっと聞いてみたい」気持ちを醸成する。

■シリーズの構成

●刊行予定　２００６年11月スタート（２００７年より毎年５月10月発行）
●巻数　全20巻（初年度５巻／翌年度から５巻ずつ刊行し、４年で完結）
●部数　各巻初版１万部
●判型　四六判／１６０ページ／オール２Ｃ
●ＤＶＤ　60分×１枚（各巻によって異なる）
●定価　２０００円（税抜き）
●各巻の詳細（初年度）

第1巻：モーツァルト
（マンガ：中山直樹／指揮者：大澤政治／楽団：スターダストフィル）
第2巻：ベートーベン
（マンガ：田中恵／指揮者：C・ルケル／楽団：カトウキネンフィル）
第3巻：バッハ
（マンガ：検討中）／指揮者：検討中／楽団：検討中　以下同）
第4巻　ハイドン
第5巻　チャイコフスキー　以下続刊

中学生に対して、クラシック作曲家の人生と音楽をセットで楽しんでもらいたい、という基本線がしっかりと守られながら、分かりやすくするためにマンガで見せるという要素（これも一つのアイデアですね）が加わったり、納得度のある価格がつくなどの作業を経て、まだ手に取ることはできないながら、より具体的な仕上がり具合を共有できるまでに、整えられています。

・　・

アイデア会議が無事終わってからも、それなりに手間のかかる作業が続くことにはなりますが、これは登山でいうなら登頂後の下山する段階。ケガなどの危険に注意しながら、チームをしっかりと麓まで導いていく。いわゆる着地をさせることもディレクターの大事な役割です。

## 5 ディレクターの仕事　その3 プランナーを育てる

### ■アイデア会議はプランナー育成道場

いいアイデアを探すためにアイデア会議を行い、その結果として得られたコア・アイデアを企画にして提案、実施をしていくという実際の業務の流れを形作っていくだけではなく、チームメンバーとして一緒に仕事をしながら、プランナーを育てていくのもディレクターの職務だと思います。彼、彼女が直属の部下であってもなくても、社外の人であっても。アドバイスの形をとることもあるでしょうが、やはりメインの道場はアイデア、そして企画を作っていく現場。むろんアイデア会議もその一環になるでしょう。

プランナーの幅だったり深さだったりをさらに拡げていけるように、仕事を通じてチャンスと気づきを提供していくことだと思います。

アイデア会議の現場でのプランナー育成とは、一言でいってしまえば「アイデア勝負」。毎回毎回、アイデア会議のために自分ならではのアイデアを考え、持ち寄る。そして集まったプランナーにいろいろ云い換えられることで、自分の出したアイデアの可能性に気がつく。

わたし自身の経験を振り返っても、先輩後輩のプランナーとディレクターの方々に本当に鍛えてもらいました。……と今でこそすんなり感謝ですが当時は「くそー、なんでダメなんだよ、このアイデア！」だったり、「なんでそっちが選ばれるんだ？　ディレクターの判断、わけ分からん……」だったり、自分の視界が狭いことに気づかずにまあブツクサいってました（恥ずかしい限りです）。

歴史は繰り返します。人は入れ替わっても、そのサイクルは当然今日も繰り返されているわけで、ディレクターはいつでもプランナーから恨まれている（？）かわいそうな存在です。

郵便はがき

料金受取人払

小石川局承認

4488

差出有効期間
平成19年10月
31日まで

（切手を貼らずに
お出しください）

1 1 2 - 8 7 9 0

（受取人）
東京都文京区関口
一の三三の四

大和書房
愛読者カード係 行

| ご住所 □□□-□□□□ TEL（ ） | A | 年齢 歳 |
|---|---|---|
| お名前（ふりがな） | B | □男 □女 □既婚 □未婚 |
| C | ご職業 1.中学生 2.高校生 3.大学生 4.専門学校生 5.会社員 6.公務員 7.自営業 8.アルバイト・パート 9.主婦 10.その他（ ） | |
| Eメール アドレス | 大和書房編集部発メールマガジンをご希望の方はアドレスをお書き添えください。 | |

※この愛読者カードは、企画の参考及び小社メールマガジンをご希望される方への配信以外には、いかなる目的にも使用しません。

# 愛読者カード

ご購読ありがとうございます。今後の出版企画の参考にさせていただきますので、下記の設問にお答えください。ご協力をお願い致します。

●本書の書名

Dこの本を何でお知りになりましたか。

1.書店の店頭　2.広告を見て(新聞・雑誌名　　　　　　　　　　)
3.書評紹介を見て(紙・誌名　　　　　　　　)　4.友人、知人の紹介
5.友人、知人からのプレゼント　6.小社出版物の巻末広告・刊行案内　7.その他

Eお買い求めの動機をお聞かせください。

1.著者が好きだから　2.タイトルに惹かれて　3.興味のあるテーマ、ジャンルだから
4.カバーデザインがよかったから　5.その他(　　　　　　　　)

F最近読んでおもしろかった本は何ですか。

Gお読みになりたい著者、テーマなどをお聞かせください。

H定期的にお読みになっている雑誌名をお聞かせください。

●本書についてご意見、ご感想をお聞かせください。

ただ、仕事は仕事。そして人財育成の観点からも、いつまでも「いい人」でいるわけにもいきません。やるときゃやる。ビシビシ鍛えてあげるが、本当の愛情ですよね？

アイデア会議でのワークを通じて、ディレクターとしてプランナーを鍛えるためのアプローチは大きく分けて2つあります。

①アイデアが出てくるのを待つ「手ぶらアプローチ」
②自らもアイデアを持ち寄る「ぶつけるアプローチ」

どちらを選ぶか。これはタイプですね。「手ぶら派」ディレクターはアイデア会議の場に自分でアイデアを持ち寄ることはしません。じっと待つ。この時のアイデア会議はプランナー主導型。メンバーがいい出してくれたアイデアをベースにしながら、進めていくスタイル。

出てきたアイデアがスマッシュヒットで、1回の打ち合わせで第1ラウンドから第2ラウンドまでストーンと流れ、狙い通りに〝はまった〟時には何ともいえぬ爽快感。ディレクター冥利につきます。反対に外してしまうと、とにかく時間がかかる。第1ラウンドを何度も繰り返す羽目になります。プランナー育成の観点からすれば、第1ラウンドで粘り強く打ち合わせを重ねることにも意味があるのですが、その分辛抱も必要です。

したがって「手ぶらアプローチ」で行く場合には、とにかく最初のオリエンテーションが大事になります。「言い出しっぺ」の機能を１００％プランナーに預けてしまうことになるからです。

一方「ぶつけるアプローチ」は、ディレクター自身もアイデアをたくさん出してプランナーを鼓舞するやり方。ディレクター兼プランナーの一人二役です。プランナーからするとやや迷惑？　「くそー、負けるもんか！」。彼らは彼らの闘争心に火をつけて引っ張っていくことになります。

こちらのアプローチを取ると、ディレクター自身にも負担がかかります。プランナーと同じように考えてアイデア会議に間に合わせなければならない。さらに先輩プランナーとして若輩者には負けられないプレッシャーもあります。おまけにディレクターになると、プランナー以上に仕事量も多いですから時間もない。ないない尽くしで追い込まれて大変です。

このタイプのディレクターが気をつけなければいけないのは**「自分のアイデアばかりを選んでしまうこと」のリスク**でしょう。ディレクターは経験豊富なベテランプランナーでもありますし、提案先の事情や過去の経緯もよく知ってますから、あまり苦労せずに「筋のいいアイデア」にはたどり着きやすいのは間違いない。もちろん、アイデア会議はアイデア至上主義ですから、一番優れたアイデアが採用されるべきなんですが、ディレクターが自分の案ばかりを選んでしまっていたら「おいおい、これじゃオレたち必要ないじゃん」になってしまいますから要注意です。

プランナーなら、自分が「云い出しっぺ」をしたアイデアがコア・アイデアに選ばれ、正式に企画として提案された最初の仕事は忘れ難いものです。わたしの場合はとある公共系施設のコンセプト提案でしたが、いまだにその企画書、大事に持っています。

またその後も手放しで面白い、とはいいにくいアイデアをクライアントに提案させてもらっていたこともあったように思います。メイン案の引き立て役だったのか複数案の一つだったとはいえ、大事なビジネスチャンスにおいて今の自分だったら引っ込めたくなるアイデアを企画にしてもらっていました。自分が云い出したり、大分云い換えた企画が、会社の名前で外に出ていくことには、嬉しさと同時にもっと頑張らなきゃ、と感じていましたから、これも当時の先輩ディレクターからの教えだったんだろうな、と思います。

## ■ディレクターはファシリテーターであるべきか

最近、ファシリテーション、ファシリテーターに注目が集まっています。ファシリテーションに関する本も増えましたし、ファシリテーションスキルをしっかりと教えてくれるセミナーもあります。わたし自身もファシリテーターとしてのトレーニングを受けました。

ファシリテーターが入って機能していると、会議の雰囲気はがらりと変わります。**ファシリテート＝促進する**の意にたがわず、ファシリテーションのスキルはチームをチームとして機能させる優れたコミュニケーションを活発化させます。

ただ、それはディレクター／ディレクションとは異なる機能でありスキル。ファシリテーターは、ディレクターにはなりえません。基本的に、ファシリテーターは強引にゴールに持ち込むことはしません。その会議の中でのファシリテーターは中立な第三者的スタンスです（だから外部から招聘《しょうへい》することも多くなります）。会議の参加者全員から意見や考え、思いを汲み取り（一度拡散させて）、全員で理解、共有し、全員の合意形成に向かって収束させていくのが本来の役割です。つまりファシリテーター自身は判断をしません。判断するのはあくまでも参加者になります。

ここがディレクターとはまるで違うところ。一人ひとりの意見を聞く技術はディレクターにも欲しいスキルですが、結論については全員で合意する必要はない。ディレクターも対人コミュニケーション技としてのファシリテーションスキルは体得するのが望ましいけれども、ファシリテーターであってはならない。ディレクターはディレクターらしく、チームの向かう方向（正にdirection）を決めて欲しいのです。

# 第5章

# アイデア会議の大道具・小道具

云い出し／云い換えを陰で支える裏方たち

ここまでの章で「アイデア会議」の仕組みやコンセプト、主役であるプランナーとディレクターの仕事について説明をしてきました。基本はビジネスパーソンの知的ワークですから、アイデアフルな人たちが集まらなければ始まりませんが、集まっただけでもうまくいかないのもまた事実。

アイデア会議は「紙」「机」など、すべてのオフィスに必ずある事務系の備品を大道具、小道具として使いながらチームメンバーの知的活動を支援。そしてアイデア会議の3つのゴールデンルールズ、

ルールその1　持ち寄る
ルールその2　発言と発言者とを切り離す
ルールその3　選ぶ

のスムースな運用を可能にするのです。

アイデア会議を通じて、プランナーのアタマから豊かなアイデアを最大限に引

き出してもらうために、ちょっとした工夫がスパイスとして効いてきます。すでに話の端々には登場しているスパイスたち、改めて整理をしてみましょう。普通のオフィスなら、どこにでもあるものばかりですが、使い方を変えるだけで、いつの間にやらアイデア製造工場のインフラに様変わり、です。

# 1

## 道具その1「紙」

まずはアイデア会議に必要不可欠な超基本ツール、「紙」です。それ以上でも以下でもありませんが、これなくしてアイデア会議の開催が不可能なのは、すでにお分かりいただけたかと思います。

アイデア会議とはアイデアスケッチが鬼のように集まる会議のことでした。会議室中に紙があふれることこそ、最高のアイデア会議です。

基本用途は、プランナー用のアイデアスケッチ用紙。1回のアイデア会議あたり一人10枚から数十枚。おそらく書き損じもあるでしょうから、ボリュームとしてはそれ以上になります。

どんな仕様でもいいのですけれども、あえて注文をつけさせてもらえればサイズは**A4**または**B5**。それ以上大きいと机の上に収まりきらなくなってしまいます。色つきの上質紙もできれば避けたい。コピーが取りにくく、持ち帰り資料にしづらいからです。

罫線は入ってない**無地がベター**。アイデアスケッチは紙を大きく使ってアイデアを書きますから、普通は罫線を無視して書くことになりますし、罫線があらかじめ引いてあると、どうしてもその線の幅に沿って、小さな字でスケッチを書こうとする人もいる。それじゃせっかくのビッグアイデアも小さく見えてしまって損です。白いキャンバスに夢を大きく描いて欲しいですから。

使い方は簡単でした。1枚に1案、自分のアイデアを書く。それだけです。**唯一のダメは、書き込み過ぎること**。アイデアスケッチは、文字通りに、まだラフなスケッチ。企画書レベルの詳細な仕様やデータを記載する必要はまったくありません。というか不要。自分が考えたことの要点だけを1行、あって数行で書くだけです。

紙を縦長に使うか横にして使うか、どちらでも構いません。自分なりのスタイルがあってもいいですし、その日の気分で変えてもまったく問題ありません。

プランナーによっては、自分が書いたアイデアスケッチのヘッダーやフッターにあたるスペースに〝署名〟を入れる人もいます。これはオレが考えたんだ！というアピールでもあるし、シンプルに記録的な意味合いで入れる人もいるみたいです。入れる／入れないは自身で判断すればいいと思いますが、まだアイデア会議に慣れていない段階では、無記名スケッチの方がルール２「発言と発言者とを切り離す」を守りやすくなるのは事実です。ディレクターからすれば、書名入りのアイデアスケッチが増えてくるのは嬉しいことではありますが、それで他の人たちが萎縮《いしゅく》してしまうなら逆効果。チームの状態によっては名前は書かなくていいよ、と実質的な署名禁止の指示をした方がいいかもしれませんね。

悩ましいな、と思うのはアイデアスケッチを手書きで書くか、パソコンを使うか、の問題。正直、一長一短です。

**手書きのメリットは、スピードと自由度。**1枚あたり10秒もかからないで上げてしまえるのは手書きゆえのスピード感。文字の大きさを変えることも簡単ですし、アイデアスケッチにちょっとした**イラスト（ポンチ絵）**や、**説明用の図**が入ると、アイデア理解が早まったりします。こういう工夫が好きな向きなら手書きがお勧め。パソコン上のアプリケーションが何であれ、まだ直接書いた方が早いし便利でしょう。

パソコンで作ったアイデアスケッチにも利点はいくつもあります。最近は美しいフォントがたくさんあります。文字だけのスケッチであっても非常に見栄えがいいです。行頭がそろってたりするのもいい感じ。整っている印象もあるし、読みやすい。また手書きに負けず劣らず、写真やイラスト（著作権フリーの素材も増えました）を簡単に貼りつけられるのも魅力ですね。当然保存性も高い。「あの時の会議ではどんなの出したっけ?」が簡単に検索できます。

このご時世、おそらくパソコン派が優勢だと想像しますが、手書きも悪くないです。あれこれ試してみて、自分にあったスタイルを、あるいは次回のアイデア会議にあった方法を使ってもらえると嬉しいですね。

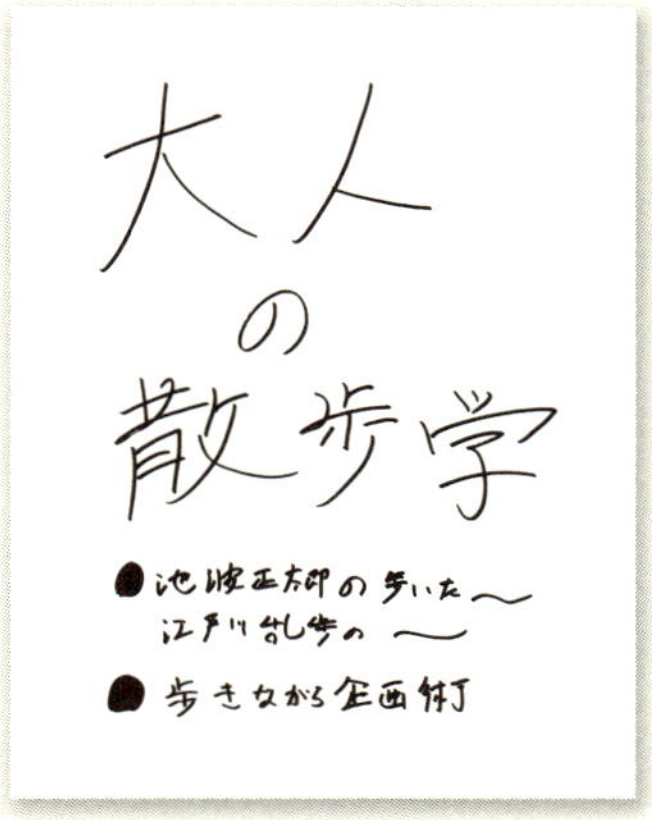


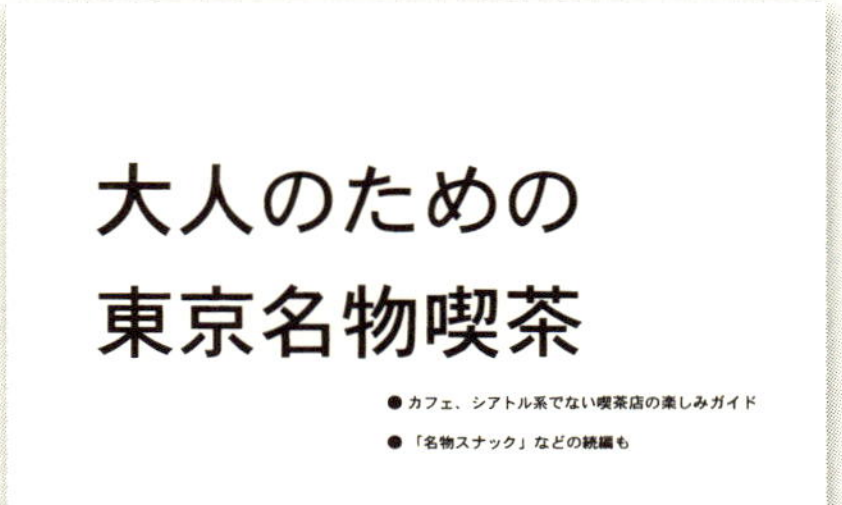


・手書き派、パソコン派どちらでも
・大事なのはアイデアのエッセンスを描くこと

## 2 アイデア会議ならではの「紙の使い方」Tips

続いて、アイデアスケッチを書く時のちょっとしたヒント集。枚数がなかなか増やせなかったり、アタマの中のイメージが伝わりにくかったりでお悩みの方へのプレゼントです。

### ■A：分ける／分解する

アイデアが出てこない、アイデアスケッチの枚数をもっと増やしたい時には、これ。おそらくあなたの書いたその1枚はまだまだ抽象的すぎるのです。とりあえず2つに分割してみましょう。分けたものをさらに分解してもいいですし、2

［分ける／分解する］

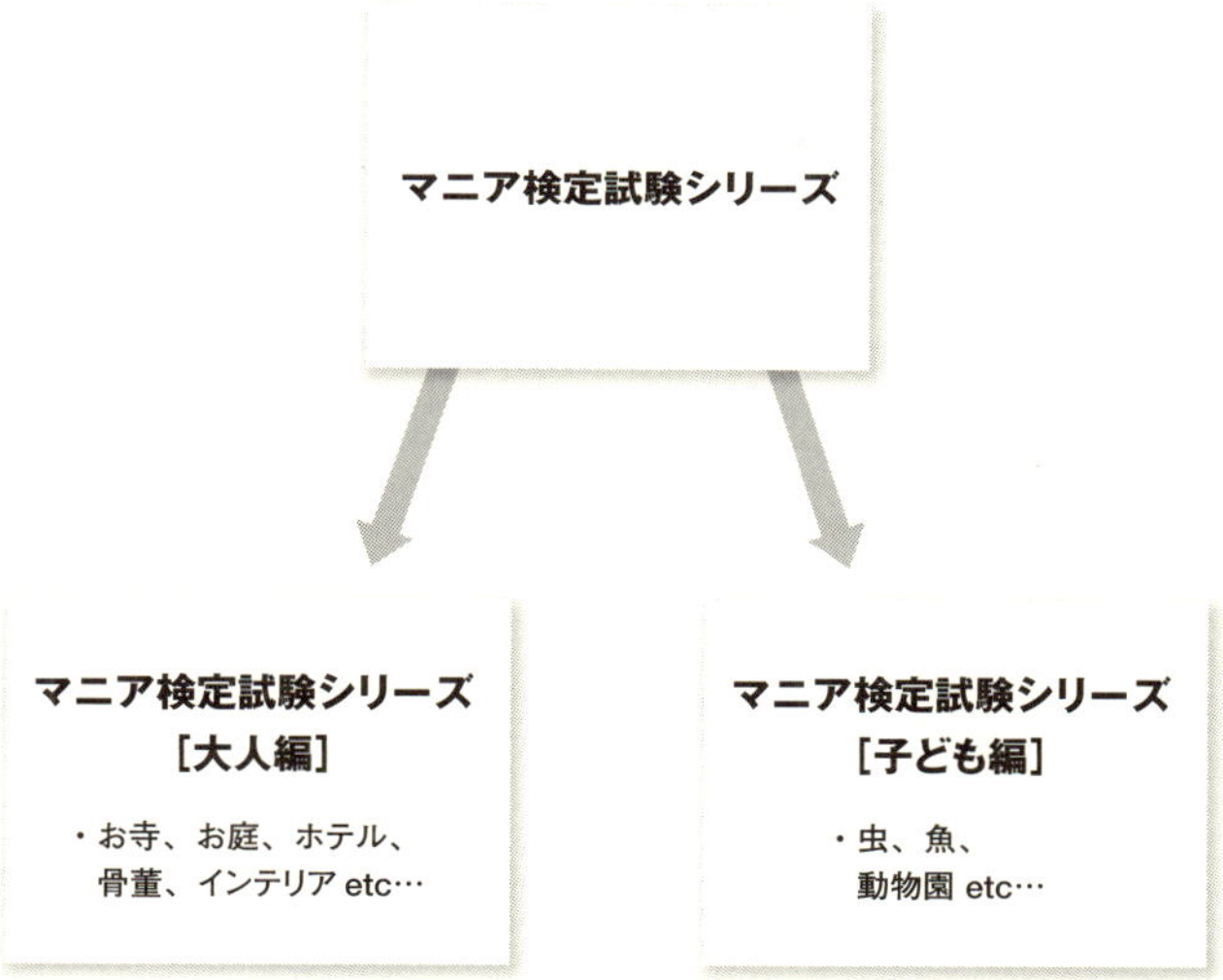


・分解してみることで、アイデアの核心が見えてくる
・分解したことで、他のアイデアへの導火線になる

つを3つにしてもOK。アイデアとしてはやや細かくなることになりますが、それで何か問題がありますか?

## ■B:具体化する

曖昧なアイデアをスケッチにすると、やはり曖昧な言葉が不用意に使われているものです。分かったようで分からない、はアイデアとして力不足。スケッチを読んだ相手にも輪郭のあるイメージ像を思い浮かべさせられるのが、優れたアイデアスケッチです。それを可能にするのが、ちょっとした言葉遣いの工夫。もっと具体的な表現を使うことで、自分と相手の脳裏に浮かぶイメージを共通のものにすることができます。

［具体化する］

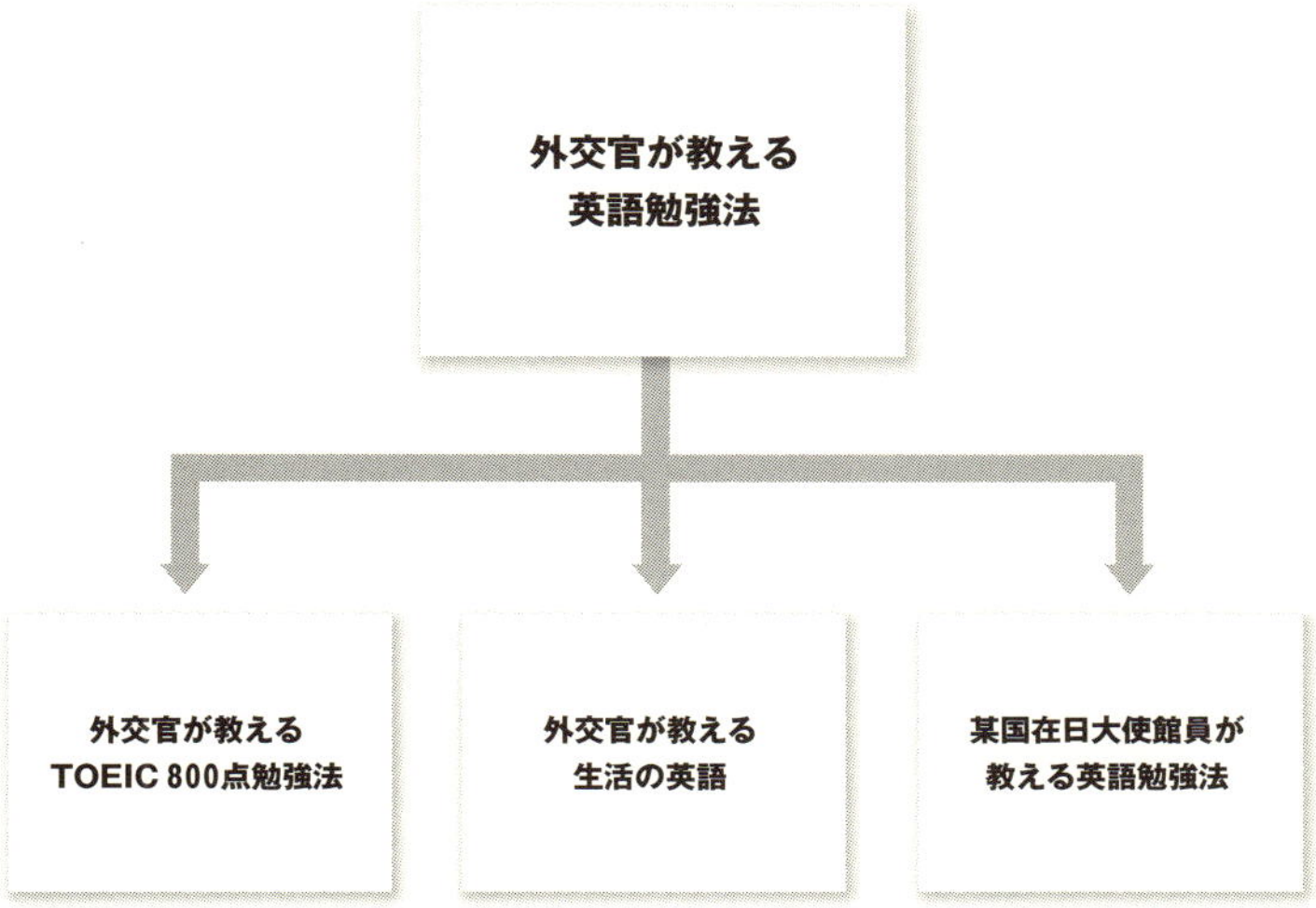


・外交官がどのレベルを教えるのかで、別アイデアになる
・外交官も世界各地にいる。英語か米語か？

## ■C：云い換える

アイデア会議に参加するプランナーの必修技です、「云い換える」。元々のアイデアがいいたかったことをできる限り尊重しながらいい回しを工夫していくアプローチが基本。もっと分かりやすいいい方、特徴を捉えたいい方はないか？　を探してください。

もしアイデア会議第1ラウンドの最中に「これは」のフレーズや単語が出てきたら、目の前のアイデアスケッチに書き加えてしまってもいいです。フッと浮かんだその一言を忘れないうちに紙に焼きつけてしまう方法です。

そして応用技では、大胆にアイデアの要素そのものを交換してしまいます。接ぎ木をするような感覚で、新しいアイデアを見つける技です。

［云い換える］

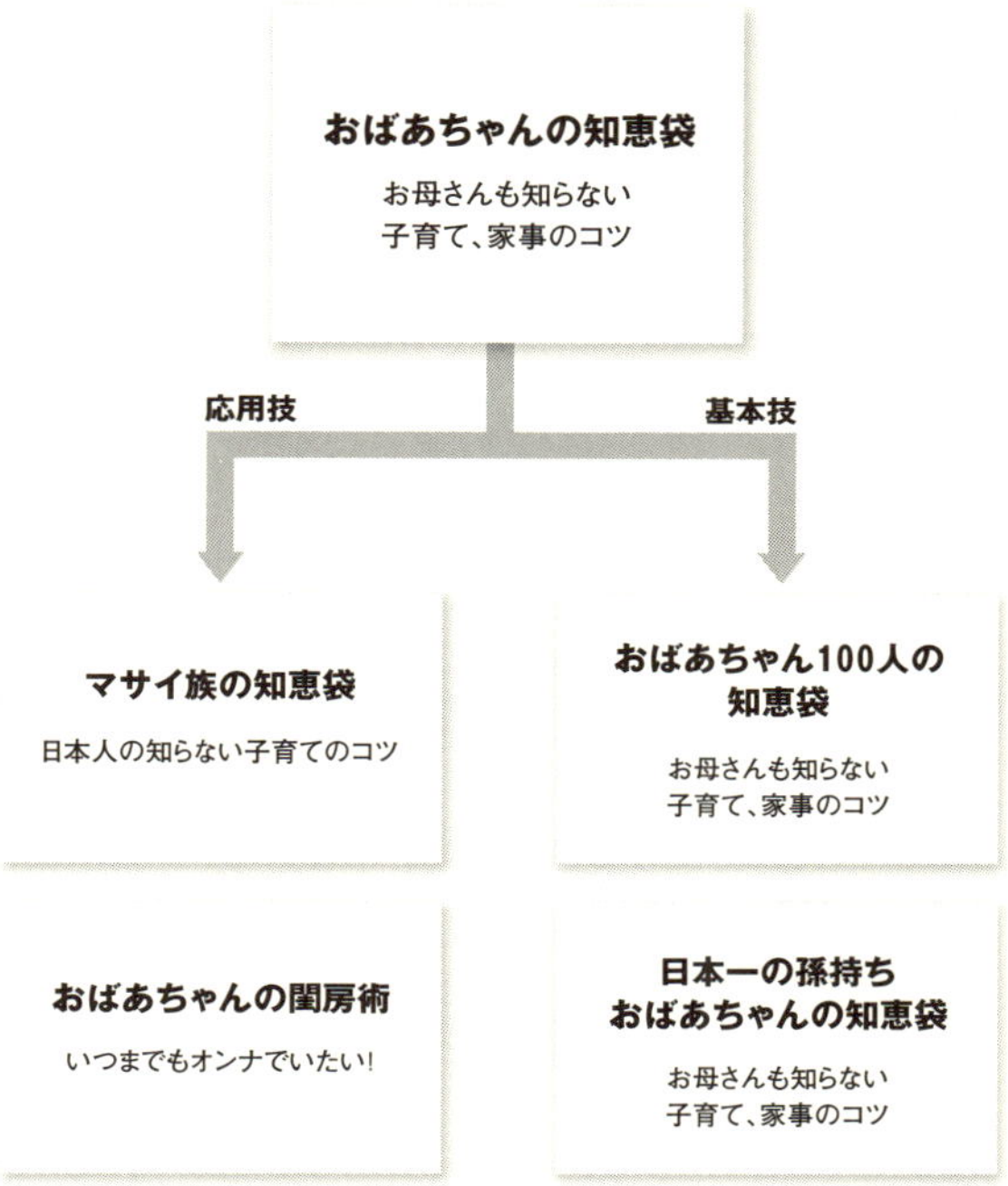


・どんな“おばあちゃん”だとより引き立つのだろうか?（基本技）
・思い切ってジャンプしてみる手もある!（応用技）

## ■D：太いペンを使ってみる

普通に仕事をしていると、黒のボールペン（しかも細字か中字）しか使わなくなってしまうことってないでしょうか。細い線で書かれたアイデアスケッチはなぜか貧相。プランナーたるもの、アイデアの中身で勝負！　なんですが、第一印象もやっぱり大事。大きな文字だと、アイデアも大きく、自信にあふれて見えるから不思議です。ちなみに字が汚いという自覚がある人は極太ペンがお勧め。ごまかせます。

［太いペンを使ってみる］

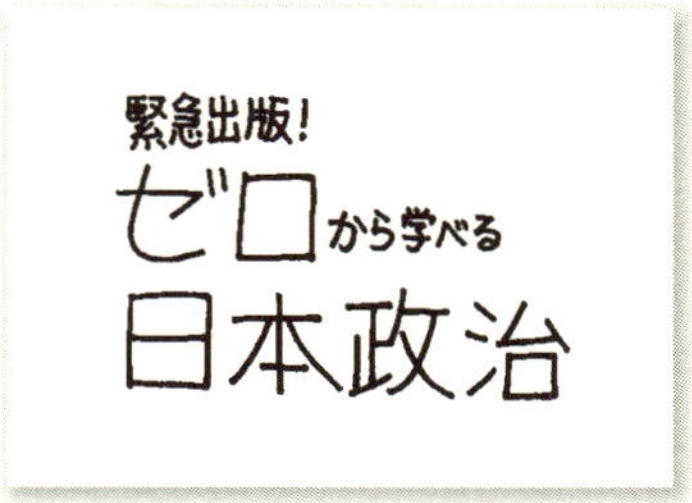


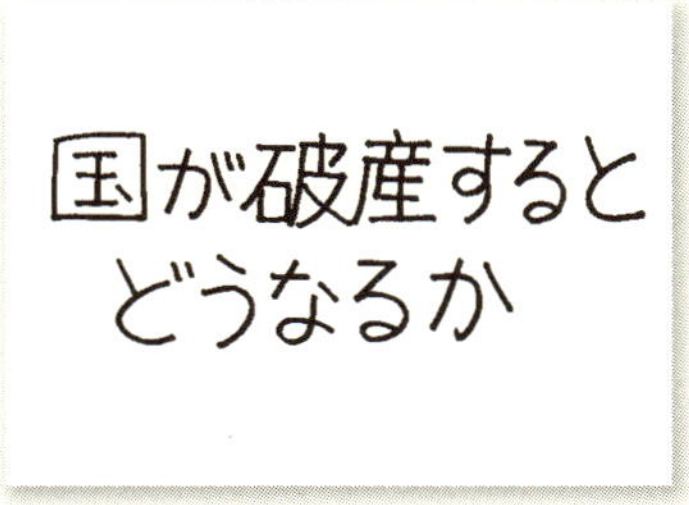


- 目を引くスケッチは話を聞いてみたくなる
- アイデアになってなくとも立派に見える…？

## ■E：ポンチ絵する

アイデアスケッチの目的はただ一つ。**アイデアが伝わるかどうか**だけです。使うことで伝わりやすくなるなら、どんどんイラストや写真も使ってください。画像の方が情報量が多いですから、言葉を10行連ねるより1枚のイラストの方が早いこともあります。

注意点が2つほど。あくまでも説明のための画像だ、ということ。「もっといい絵が欲しい」で30分インターネットをウロウロしていたのでは主客転倒です。

それから画像を貼っただけで済まそうとしないこと。アイデアはまだ現実化されていない「将来の事実」です。きちんとキャプションなり文章なりがないと、かえって誤解されます。

［ポンチ絵する］

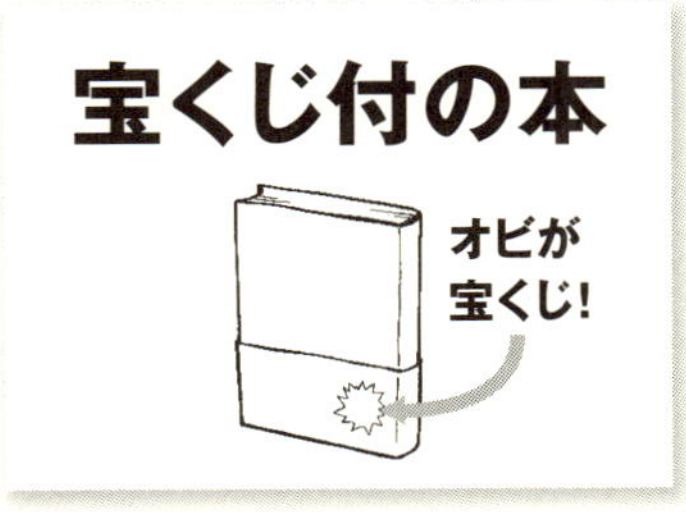


・企画の意図を一目瞭然にできる
・より具体的にアイデアを伝えられる

3

## 道具その2「机」

どこにでもあるけれど、使われていないアイデア会議の大道具、それが「机」です。「話し合う会議」や「いきなり企画会議」における机は、単なる資料置き場であり、肘置き、足癖隠し（！）の役割しか果たしていません。もったいない、といつも思います。

アイデア会議では机が大活躍。これがないとアイデア会議ができません。道具としての主たる使用目的は、**アイデアスケッチが自由自在に活躍するフィールドとなること**。アイデアというプレイヤーたちが走り回るサッカーグラウンドです。サッカーフィールドとしての**絶対条件は、平らであること**。普通そうだろ、と思うなかれ。オフィスによっては妙に立派な会議室ばかりで、大きくてもテーブルの真ん中にパソコン用の電源が収納されていたりする〝出っ張り〟がまるで山脈のようにあるものばかりで閉口することがあります。

それから広さ。多くのアイデア（B5からA4サイズ）が走り回るためには、それなりの長さと幅とが欲しい。1本が広くある必要はありません。細長い机なら何本かをくっつけて、島のカタチにすれば大丈夫です（足にキャスターがついてなかったりすると、現状復帰がちょっと面倒ですが）。

**座る順番に特に決まりはありません**。強いていうなら、ディレクターが真ん中。後は自由で構いません。上座に社長、その両脇が専務に常務……なんて構図はアイデア会議には不要です。

さて、準備はできましたか？　ひょっとすると、ディレクターが選んだその会議室は、壁の塗装がはがれているような殺風景な場所なのかもしれません。しかし目の前に広がったフィールドさえあれば、たちまちにして熱狂のスタジアムに大変身。熱いアイデア会議は場所を選びません。

# 4 アイデア会議ならではの「机の使い方」Tips

机のセッティング自体は、アイデア会議が始まる前に終わってしまいます。ここでは実際のアイデア会議、特に第1ラウンドにおいてディレクターが机上でアイデア（スケッチ）たちをどんな風に動かしながら、アイデアを磨いていくのか、がポイントになります。

## ■A：アイデアを見せる

まずは選手がグラウンドに登場、となるのがアイデアスケッチのご披露シーン。各プランナーは持ち寄ったスケッチをみんなに見せながら簡単にアイデアを説明します。人数と設置された机の広さとのバランスにもよりますが、5人ぐらいまでだったら、持ち寄った原紙そのものをディレクターに見せるのを周りも覗き込む、あるいはディレクターの背後や横に移動して、プランナーの説明を聞くのがいいと思います（もちろんコピーを渡すのもありです）。プレゼンテーションではありませんから、わざわざディレクターの真向かいから説明する必要もないと思います。話が通れば（そして顔が見えれば）それでOKです。

それ以上になると、アイデアスケッチが見にくくなってしまいますから、やはりコピーを人数分用意。聞いてくれているメンバーのスピードに歩調を合わせながら、説明をしていきます。

説明が終わったアイデアスケッチはそのまま机上、あるいはディレクターの手元に残してください。プランナー全員からのご披露が終わったところで、試合開始のホイッスル。集まったアイデアスケッチが一斉にグラウンドに散開します。

# [アイデアを見せる]

・さて、この中からコア・アイデアが見つかるか……？

## ■B：アイデアを動かす

ディレクターは集まった**アイデアメモを動かしながら整理**していきます。もちろん途中で「云い換え」をしながら。アイデアスケッチが上書きされたり、場合によっては新しくアイデアが誕生することもあります。その場合は誰かがサササッとスケッチを書き、机の上に流します。

アイデアスケッチの動かし方はディレクターのお好みもありますが、似た系統のものを集めるKJ法的なやり方が多くなるのではないでしょうか。

アイデアスケッチを動かしながらグルーピングしていくことで、**アイデアが集まっているジャンルと集まっていないジャンル**、**層の厚い薄いが物理的に見えてきます**。あるいはまったくアイデアがない穴だらけのゾーンが発見されるかも。面的なアイデアの過不足を、視覚上でもチームの全員で共有することができるのです。

## [アイデアを動かす]

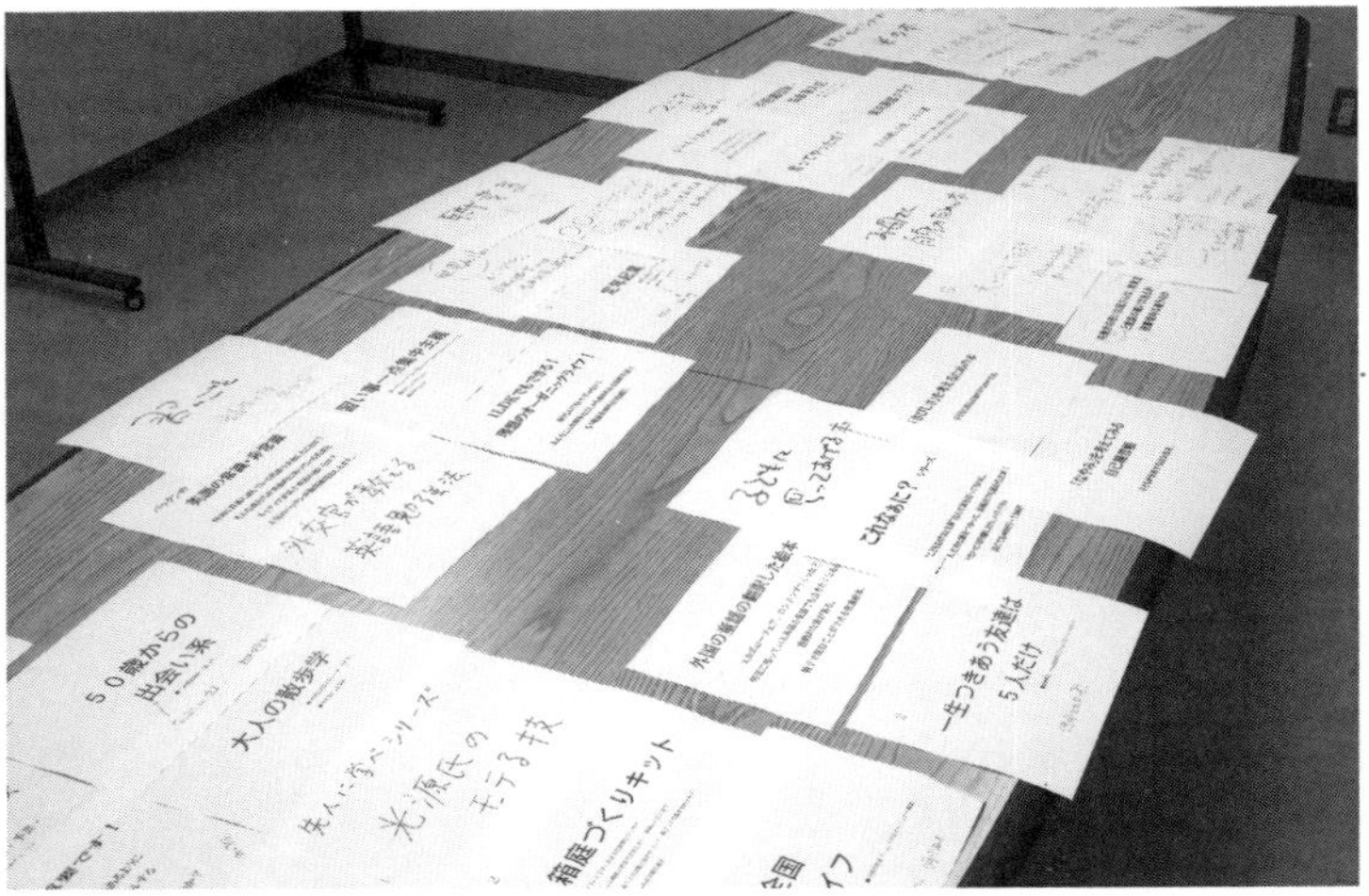


・集まってきたアイデアの方向性を目視する
・「●●系」など簡単にラベリングをするケースも

## ■C：アイデアをくっつける

一つひとつのアイデアはまだ弱々しくて頼りないかもしれませんが、パートナーとペアやトリオ、カルテットを組むことで、急に力をつけることがあります。そんなアイデア同士の遭遇も机の上でなら、すぐできる。補強関係が生まれそうな2枚を近くに置いてみる。どっちを上にするとよさそうだろう？　あるいは横に置く？　そんな細かいところにまで気をつけてみると、また「云い換え」が進みます。**アイデア会議では目で考える、手で考える。**それがアタマを使うことなんです。

## [アイデアをくっつける]

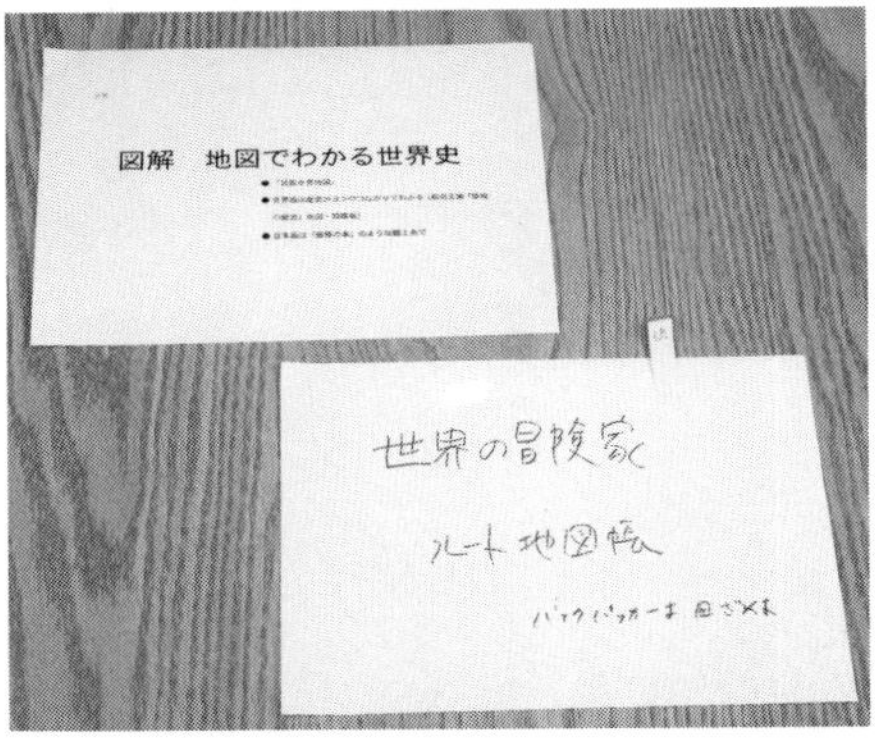


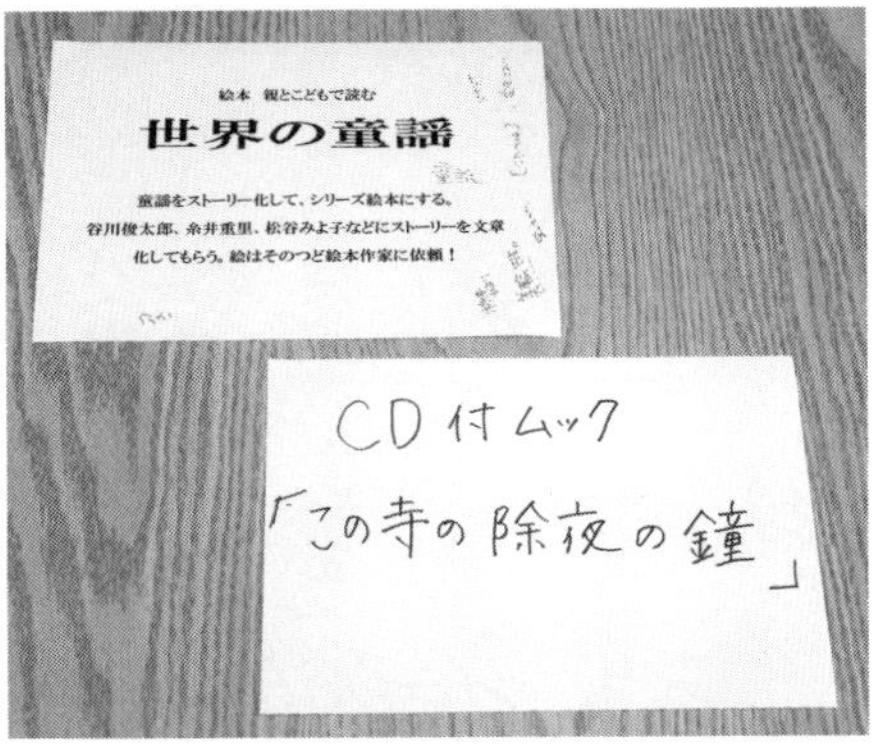


・「アイデアとは既存の要素の新しい組み合わせ以外の何ものでもない」
（ジェームス・ウェブ・ヤング）

## ■D：アイデアは残しておく

アイデア会議第1ラウンドの終了時、コア・アイデアとして予選通過が決まったものは、必ず残して、各自へコピー配布。2案目、3案目が最初の案とどのくらいの距離感なのか、プランナーは一生懸命考えるはずです。

また、その他のアイデアスケッチもまだ捨てるには早いです。1部だけ保管をしておくか、いっそのこと全員にコピーを配る。新たな価値を付加できれば、また復活もありえるからです。

## [アイデアは残しておく]

・「アイデアとは既存の要素の新しい組み合わせ以外の
何ものでもない」
（ジェームス・ウェブ・ヤング）

## 5
## 道具その3「ホワイトボード」

ホワイトボードも、会議室にあっても活用されていることが少ないオフィス備品だと思います。トレイにある黒・青・赤のペンもどれかがインク切れだったりして。しかしホワイトボードは使い勝手のある、アイデア会議でも活躍するべき大道具の一つです。

ホワイトボードは変幻自在さがその魅力。アイデアをスケッチにできる紙としての機能を持っていますし、アイデアを置いて眺めるための壁、机にもなれる。発言と発言者とを簡単に切り離してくれるツールです。ホワイトボード大好き派のわたしとしては、もっともっと使われて欲しいと思っています。

ただ、古いタイプのホワイトボードがアイデア会議にやや不向きなのは事実です。部屋の壁に据え付けになっていて、ページ送りができないタイプは、正直使いにくい。その点、自走式でも据え置きでもスクロール方式で、2画面から6画面ぐらいまで多くの面を使えるタイプはあると便利。そしてできれば画面を読み取ってプリントアウトが可能なボードだと最高です。

プリントアウトができない時には**デジカメ**が便利。画面を撮って、パソコンで読み込んで印刷する。あるいはメールで送る。アイデア会議に議事録はありませんが、ボードに書かれていることが会議そのもの。書き方によっては時系列になっていないじゃないか、と思われますか？　今最終的に欲しいのはアイデア、それだけ。アイデア会議のライブな雰囲気を削り取ってしまった整った議事録は必要ない。むしろ**話のプロセスを追跡したい**と思うのです。

誰も準備をしていなかったけれども何故かメンバーが揃っていて急に始まったブレーンストーミング系アイデア会議などでは、本当に威力を発揮します。個人的にはできる限りホワイトボードがある部屋でやりたいと思っているので、会議室探しもおざなりにはできません。

## 6 アイデア会議ならではの「ホワイトボードの使い方」Tips

まだ日本の会議シーンでは市民権を完全に獲得したとはいえないホワイトボード。いつもフルに使っているよ、という人もまだ少ないのではないか、と思います。実は〝ホワイトボード道〟も非常に奥深く、本当に感嘆してしまう達人の使い手もいらっしゃるのですが、まずは誰にでもできるホワイトボード道・はじめの一歩です。

### ■A：何を考えているのか、を明示する

アイデア会議では、アイデアスケッチを前にしながら話をしていくため、議論

が宙に浮いてしまったり、「あれ、何を話していたんだっけ？」という混乱した事態にはなりにくい構造を持っています。とはいいながらあまりに展開が早かったり、急に盛り上がり始めると、議論の中心が（文字通り）見えにくくなるケースもあります。

そんな時には、**キーワードをホワイトボードに書いて、マルで囲んでおく。** 机の上にメモ紙を置くのと同じ狙いですが、ホワイトボードの方が視線的に上に位置するため、メンバー全員からは見やすくなるのが嬉しいところ。道を外れかかったチームもすぐに戻ってきてくれます。

**［何を考えているのか］**

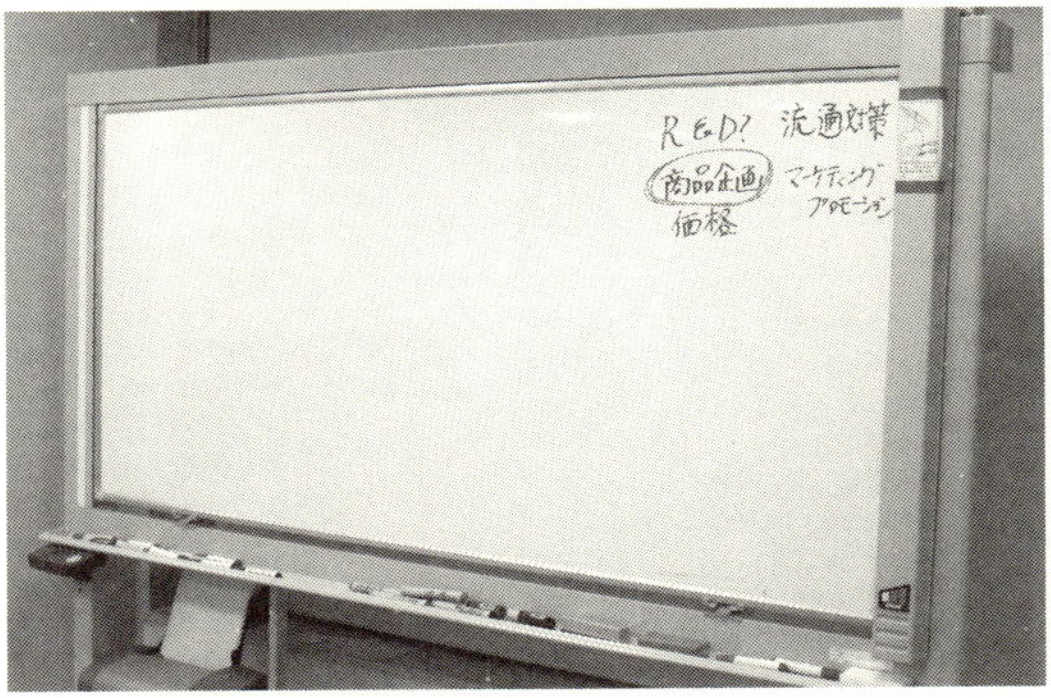


・議論が錯綜する時には視線も錯綜する。
全員を一度同じ方向に向かせて仕切り直し、の効果も

## ■B：アイデアの速記

**話の中身も物理的にも参加者全員が同じ方向を向いて議論できる**のはアイデア会議の真骨頂の一つ。プランナー（字は上手でなくても問題ありません）が自分も議論に参加しながら、出てきた「云い換え」や新しいアイデアをすかさずホワイトボードに速記メモ。間違えても消すのも簡単ですから、恐れずどんどん書き込めます（模造紙だとそうもいきません。ホワイトボードの方が優れている点だと思います）。

速記の方法もいろいろ。箇条書きにしていくやり方もあるし、近ごろ人気が出てきたマインドマップ方式でもいいですね。報告書じゃないですから、その場にいるメンバーが分かればいい。書く方も気楽にチャレンジしてみてください。

## ［アイデアの速記］

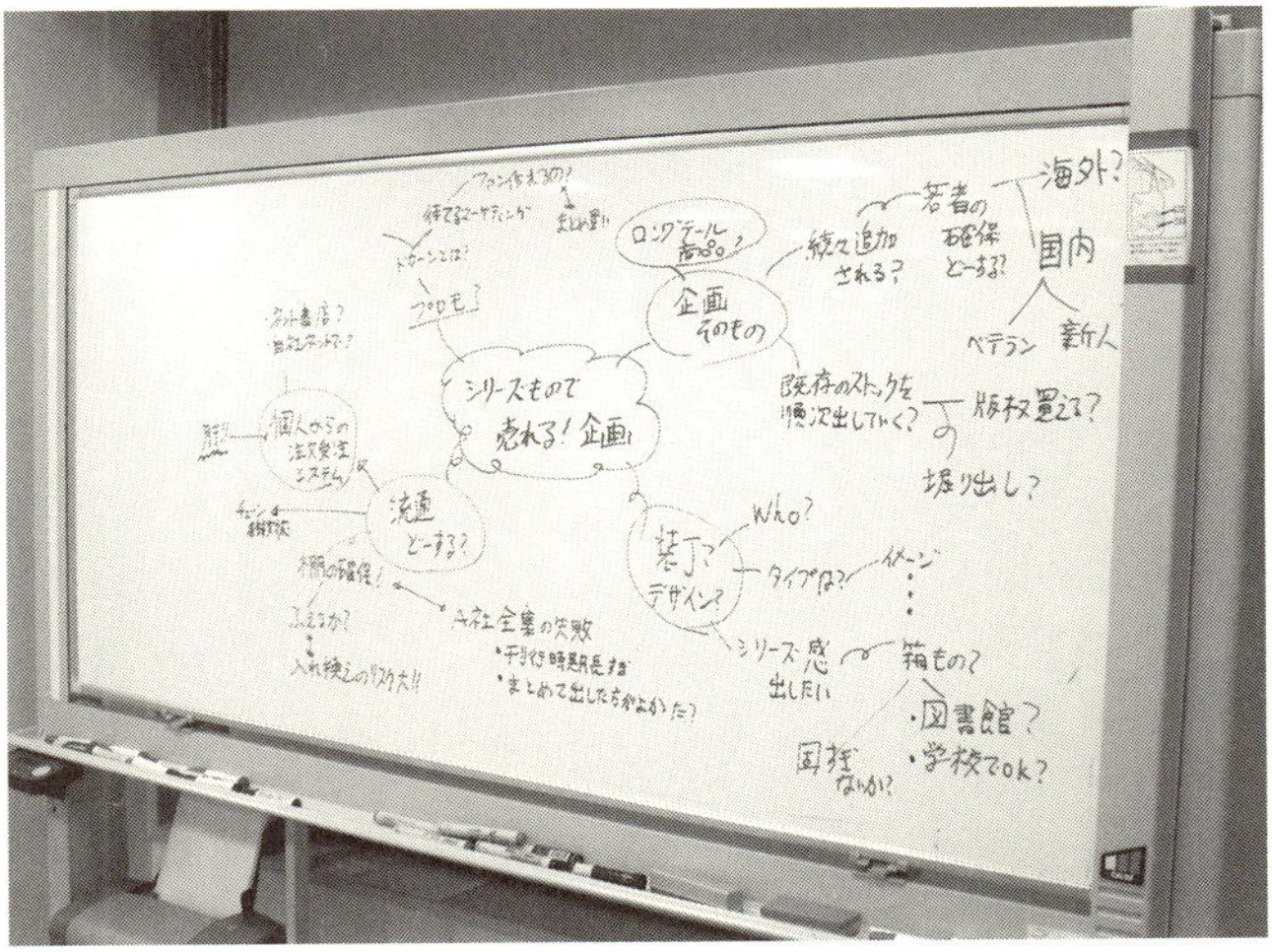


・アイデア会議の議論をホワイトボードがグリップしている感覚

## ■C：アイデアを企画らしく詰めていく時にも非常に有効

アイデア会議も佳境に入ってくると、アイデアを詰めるために、ディテールをもっと詳しく話し合いながらアイデアの輪郭を明確にしていくことになります。ここまでいくと半分は企画作業に近いかも。アイデアがどんどん固まっていく流れですね。

参加メンバーがみんな一つのアイデアに集中して、どんどん意見を放り込んできますし、ディテールを語り出すと、数字や固有名詞が飛び出してきがちです。こんな時にもホワイトボードを使うと混乱なく議論を受け止められます。アイデアの速記と似たような使い方。キーポイントになる言葉をしっかり書きつけていきます。うまくまとめられたら、ボードのプリントアウトがそのまま次のアクションプラン、アイデアを企画に落とし込むためのチェックリストになる。時間節約にもなりますし、一石二鳥といったところでしょうか。

## ［アイデアを詰める］

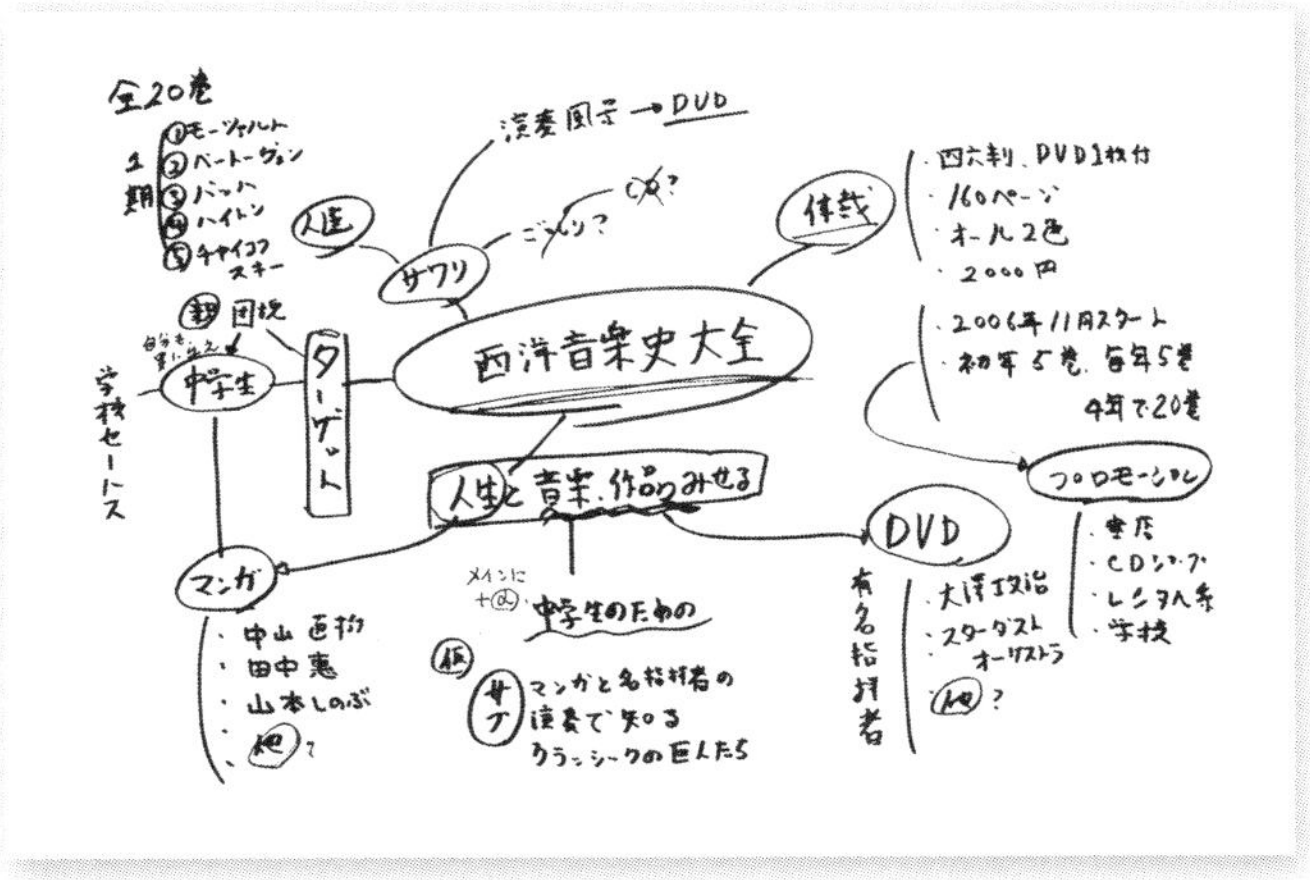


・すでに企画書作成作業も兼ねているような状態に

# 終章
# 「チームでアイデアを考える力」を日本中に！
## 仕組みがあれば、誰にでもできること

### ■アイデア、が軽視されていないか？

「アイデアを考える」とは何をどうすることなのか、アタマをどう使えばいいのか。その「やり方」って誰からもちゃんと教わったことがなかった気がします。考えるための基礎体力をつけるためのトレーニングは今までもありました。読書をする、文章を書く、計算をする。いわゆる「読み書きそろばん」は、人間が「考える」という知的ワークをするために絶対に必要な土台だと思います。

そして考えるための土台はしっかりしているから、と考える機会だけは何度も与えられたものの、「アイデアを考える」ことのやり方は体得するまでには至ら

ずに年月が経ってしまい、もう自分がそれほど考えなくても次の人たちへバトンタッチできちゃった、というのがこれまでの大勢だったのでないでしょうか。

天賦の才を持っているスーパーマン&ウーマンを除いて、「アイデアの考え方」を知っているのは、がむしゃらに考えまくってカラダで覚えることができた人（いわゆるアイデアパーソン）、アイデアを考えざるをえない組織の中にいたがゆえに、一子相伝の伝統工芸を伝承するように体得することになった人（R&Dに強い組織や広告会社などはこの範疇になるでしょう）、そのどちらかだけだったのではないだろうか、と思っています。

ましてや個人で考えるのならまだしも、チームでアイデアを考える方法は顕在化していなかった。アイデア力ある組織の実態も、一人のアイデアパーソンが組織全体をリードしているに過ぎなかったケースも多かったに違いない、と勝手ながら想像しています。

繰り返しになりますが、**どんなアイデアパーソンであっても個人で考えつくことには限界がある。それを乗り越えられるのはアイデアパーソンが集まって、チ**

**ームとしてワークをした時だけ**です。

視点を変えると「アイデアの考え方」を学び、自分で使えるようにすることは個人にゆだねられ過ぎていたのだ、と云い換えられるでしょう。いわんやチームでのワークによってアイデアを作る方法にいたっては。でもそれは「**能力が無いからできないのではなくて、やり方を知らないからできないだけ**」なんだと思うのです。

行動科学マネジメントの実践的研究者である石田淳さんは「**行動のレパートリー**」というコンセプトを提示されています。ある行動ができない人が「その行動を知らないからできないだけ」なのであれば、必要な行動のやり方を教えてあげればいい。しかし一連の行動を一気に覚えるのは困難だから、行動のレパートリーに細分化しよう。そして分解されたパーツを再構成した形で教えてあげれば誰にでも（ある程度までは）できるようになる、という非常に実践的なマネジメントメソッドです。

ああ、これだ！　と思いました。「チームでやるアイデアの考え方」を行動のレパートリーに分解できれば誰もが共有可能になるんだ！　そのやり方をみんなが知り、体得することで世の中もっともっと楽しくなるんじゃないの？　それがこの本の出発点となるアイデアでした。

## ■日本をアイデア大国にしたい！

アイデア会議のメンバーであるプランナーとディレクターにとって、アイデアを考えることは試合のようなもの。当然ながら同じ試合はないわけで、課題は一つとして同じことはありません。従ってプランナーは毎日のように、ああでもない、こうでもない、とアタマをぐるぐる回して必死になって考えます。

アイデアを考えるって、とっても人間くさい作業なんだな、とつくづく思います。高度情報化社会といわれる中、メディアの発展は目覚ましく、総じて量の面でも質の面でも情報量は増大する一方です。

だからといって、わたしたちが考えるアイデアはどうか。入ってくる情報の新しさとリンクする形でアイデアも新しくなっているはずですが、アウトプットのボリュームやクオリティは、もしかしたらそれほど変わっていないのかもしれないな、と感じています。

**アイデアを出していくという技は、数をこなしていくうちに、気がついたらレベルが徐々に上がっていくもの。**じっくり時間をかけることが可能なら、スポーツと同じで練習と実戦の経験を積むにつれ、プロフェッショナルとしてそれなりにはなるものだと思います。ただ、のんびりと待ってくれない世の中になってしまったのもまた事実。プランナーとして、あるいはディレクターとしての**技をスピードよく上げていくためには**、そしてその技を使いこなせる人財を増やしていくためには、**そのための環境が必要**だ、ということでしょう。

それを実現するための「仕組み」があるかどうか。それが今問われている。

この本の中で提唱させてもらった「アイデア会議」なる手法が１００％の人に

とって馴染むかどうかは分かりませんし、他のやり方もきっとあると思います。方法はどうでもいいんです。いつまでたってもアイデアを考えることは簡単ではないですが、企画やアイデアを考えなければならない状況に置かれた人たちが無用な苦労や遠回りをせずに、目指すアイデアにたどり着けるための知識を持ち、技をカラダとアタマで覚えているようになってくれれば。

大げさですが、チームでアイデアを考える方法が秘められた奥義から普通の社会資本となり、常識の一つになったら本当に素晴らしいことじゃないでしょうか。

その結果がどうなるか？　スーパーアイデアパーソンはそんなに増えないかもしれません。でもそれはそれでいいじゃないか、と。ちょっと話が飛びますが、ヨーロッパの国々が掲げる「スポーツ大国構想」って、一部の超エリートだけが強くて各種大会でトロフィーやメダルを取りまくる国のことではないはずです。それも結果としてはあるけれど、国民全体のスポーツ度が高くなることが理想像でしょう。真似をさせてもらえば、日本が平均値の高いアイデア大国になったらいいな、と思っています。そしてそのアイデア力をいずれは他の国の人たちとも共有したい……ちょっと夢が大きすぎるでしょうか？

さあ、まずはわたしたちから。今日からアイデア会議を始めませんか？

# あとがき（感謝のことば）

会議、というといつでも思い出すシーンがあります。１９９８年頃だったか、有楽町で行われていた国際会議を見物したことがありました。テーマは都市問題。その頃はまだ「サステナビリティ」とか「持続可能な成長」なんて気の利いた言葉は一般化していませんでしたが、人口が集積する都市が抱える問題を、経済や政治との関係性の中でどうやって解決していくのかを議論するプログラムでした。

最初は「うわー国際会議だぁ」ぐらいでキョロキョロしていただけだったのですが、1時間ぐらい会場内をブラブラしていて、急に会議プログラムの構成意図に気がつきました。

ゴミ処理、交通、人口問題などいくつかの小テーマに分かれていて、それぞれの会議室では各都市が独自に取り組んで成果のあった方法を発表します。その後、その方法が国を問わず通用するのかどうかを議論し、分科会のまとめとして集約。集約した結果をさらに上位の会議に上げていきながら最終的な提言として取りまとめていく流れを実感できました。

その時初めて、**プログラムという言葉／概念**が、単なる議論の順番を示すアジェンダではなく会議に参集した都市が**チームとなって成果を出すための企画・構成であること**を発見した次第でした（そのことにビックリして、全体の結論はすっかり忘れてしまいました）。

個別参加都市→分科会→全体会……の集積を積み重ねながらアイデアや成果を報告しあって、普遍的なアイデアへ鍛え上げ、みんなで共有できる企画に仕上げていく「仕組み」なんだ、と。

つまり**会議とは「学びの場」**でもある。

ただ報告を聞いているだけではなく、報告に含まれている自分にとって新しい行動や価値を、議論を通じて取り込んでいく。個人であれ、組織であれ、さらには国といったスケールのものでも、その「仕組み」は一緒です。

会議、というものが持つ「仕組み」の価値についての（自分にとっては）衝撃的な気づきが、今ページを広げていただいている『アイデア会議』の源流の一つになっています。

最後に『考具』と『アイデア会議』との関係はどうなの、ということについて。この両者をつないでくれたのが『ワークショップ考具』でした。もともとは実際に考具をつかってアイデア・企画を考える研修をして欲しいというオファーがあって、作ってみた1日がかりのプログラム。ご縁があって数多くの皆さんと一緒にいろんなアイデアと企画とを考えてきました。

その繰り返しの中でふと気づきをもらいました。参加してくださった方々は2つに分かれる。自分がアイデアを出さなければいけないプランナーと、チームのリーダーであるディレクター的立場の方がいるんだ、ということ。

『ワークショップ考具』は、基本的には一人で作業をするワークショップだったのですが、回数を重ねるうちに個人のワークと、チームのワークとの接点が自分の中で焦点を結んできた実感がありました。ワークショップの中であれやこれやと話していたことをまとめたら、『アイデア会議』のコンテンツになっていた感じです。


「アイデアと企画とを分ける」「アイデアとは既存の要素の新しい組み合わせにしか過ぎない」「アイデアは多くの選択肢から選ぶものである」。基本に流れる考え方は変わりません。多分に重なり合う部分もありますが、大きく分ければプランナーのために『考具』、ディレクターには『アイデア会議』がある、といえるでしょう。

でも最終的にはどんな方法であろうと「面白くて筋のいいアイデア入りの企画」が生まれればよいわけなので、『考具』にしても『アイデア会議』にしても、あくまでもご参考まで、です。何らかのお役に立てばこれ幸い。

ただ、と『考具』のあとがきで使ったフレーズを繰り返してしまいますが、あなたの最大の問題は「読んで、分かって、やらないこと」。手を動かした者だけが素敵なアイデアを手に入れることができるのです。

改めて多くの方々に感謝します。

とある駅前の喫茶店の狭いテーブルに身を寄せつつ、この本のアイデアの誕生に立ち合ってくださった大和書房編集部の岡村さん、アップルシード・エージェンシーの鬼塚さん。お試しアイデア会議に何度もお付き合いしてもらった大和書房の石井さん、佐藤さん、山田さん、鈴木さん。本文中、いたるところにちゃっかり取り込ませていただいてます。

ブックデザインでは轡田さんと坪井さん。強行スケジュールに度重なる修正ばかりですいませんでした。とってもカッコよいです。

これまで多種多様な仕事においてアイデアを考えるチャンスをくれたみなさん。鍛えていただいて本当にありがとうございました。

自分が本を書くことへのキッカケを与えてくれた山田祐規子さん、『ワークショップ考具』の「云い出しっぺ」である星野宏幹さん、ありがとう。『ワークショップ考具』に参加して下さった方々も含め、仕事以外でお会いした方々との密度濃いトークの中でこの本の構想や細かい表現が磨かれたことはいうまでもありません。

この作業をする時間を作ることに協力してくれた家族にも感謝。

そしてアイデアが生まれたあの瞬間から企画（本の場合は目次に相当するでしょう）になるまで、さらに完成するまで1年以上にわたりご辛抱いただいてしまった担当編集者の永井さん。いやホントにすいませんです。でもやっとここまできましたね。

最後にもう一度、この本を手に取ってくれたあなたに感謝を。
ありがとうございました。チャオ。

２００６年10月

加藤昌治

## 引用・参考文献

『アイデアのつくり方』（ジェームス・ウェブ・ヤング著／今井茂雄訳／阪急コミュニケーションズ）
『アイデアのヒント』（ジャック・フォスター著／青島淑子訳／阪急コミュニケーションズ）
『アイデアマンのつくり方』（ジャック・フォスター著／青島淑子訳／阪急コミュニケーションズ）
『イノベーションの達人！　発想する会社をつくる10の人材』（トム・ケリー＆ジョナサン・リットマン著／鈴木主税訳／早川書房）
『会議革命』（齋藤孝著／ＰＨＰ研究所）
『考具』（加藤昌治著／阪急コミュニケーションズ）
『ザ・ファシリテーター』（森時彦著／ダイヤモンド社）

『ザ・マインドマップ』（トニー・ブザン&バリー・ブザン著／神田昌典訳／ダイヤモンド社）
『スウェーデン式アイデア・ブック』（フレドリック・ヘレーン著／中　美奈子監修／ダイヤモンド社）
『鉄則！　企画書は「1枚」にまとめよ』（パトリック・G・ライリー著／池村千秋訳／阪急コミュニケーションズ）
『発想する会社！』（トム・ケリー&ジョナサン・リットマン著／鈴木主税他訳／早川書房）
『発想法』『続・発想法』（川喜田二郎著／中央公論社）
『パワポ使いへの警告』（榊原廣著／講談社）
『ひらがな思考術』（関沢英彦著／ポプラ社）
『リーダーのためのとっておきのスキル』（石田淳著／フォレスト出版）
『わかる！　ビジネス・ワークショップ』（博報堂HOWプロジェクト著／PHP研究所）

**加藤昌治（かとう・まさはる）**
大手広告会社勤務。クライアントのブランド価値を高めるための、情報戦略の企画実施業務を行う傍ら執筆した『考具』（阪急コミュニケーションズ）がベストセラーになる。

**アイデア会議《かいぎ》**

2006年11月15日　第1刷発行

著者　加藤昌治《かとうまさはる》
発行者　南　暁
発行所　大和《だいわ》書房
〒112-0014　東京都文京区関口1-33-4
電話　03(3203)4511
振替　00160-9-64227
印刷所　歩プロセス
製本所　田中製本印刷


ISBN 4-479-79180-9

http://daiwashobo.co.jp